［決定版］古代史の謎は「海路」で解ける

卑弥呼や「倭の五王」の海に漕ぎ出す

長野正孝

PHP文庫

○本表紙図柄＝ロゼッタ・ストーン（大英博物館蔵）
○本表紙デザイン＋紋章＝上田晃郷

はじめに

日本の古代には、「謎《なぞ》の四世紀」と呼ばれている時代がある。三世紀と推測される神功《じんぐう》皇后や、五世紀の「倭《わ》の五王（讃《さん》・珍《ちん》・済《せい》・興《こう》・武《ぶ》）」も謎である。さらに、邪馬台《やまたい》国《こく》の卑弥呼《ひみこ》についても、これまで多くの議論がなされているが、答えが出ていない。

古代史は謎だらけなのだ。

私はいまから五年前、「海を渡る術」という切り口で古代史の謎解きに挑戦してみた。自分が海の技術者であるがゆえに、古《いにしえ》の船師《ふなし》（船長）、船匠《ふねのたくみ》（船大工）、水夫（乗組員）の身になって、古代の船をつくり、船をあやつり、海を渡り、港町の地形を考え、古代の港づくりにも挑戦した。今回、ふたたび謎の海に十分準備して漕ぎ出した。

「待てば海路の日和《ひより》あり」という諺《ことわざ》があるように、潮の流れを読み、風待ち、汐待ちをしながら、また、流れに逆らって体力と知力を使って、水と折り合いをつけつつ漕ぎ進む。本書では、この船の路を「海路」ということにする。

では、古代の「海路」があるところはどこか。倭国《やまとこく》の海である。西は中国、朝鮮半島とつながる東シナ海、玄界灘《げんかいなだ》、対馬《つしま》から東は越国《こしのくに》にいたる日本海、そして瀬戸内海である。

大きな海だけではない。いまは消えてしまった入江、川、湖の往来、歴史に埋もれた運河、船曳道《ふなびきみち》を漕ぎぬいた。それによって、奇しくも歴史から忘れ去られた数多くの神社、史跡と巡り合うことができた。そして、そこには『日本書紀』に描かれているのとはまったく違う古代史があった。

天照大神《あまてらすおおみかみ》のルーツとは。
神武東征や神功皇后の海路とは。
倭の五王とはだれか。
百舌鳥《もず》・古市《ふるいち》古墳群は何のためにつくられたか。
応神天皇、雄略《ゆうりゃく》天皇とはだれか。
卑弥呼はどこにいたか。
倭国はいつ大和になったか。

昔も今も同じ人間、あらがえない潮の流れと高い波、船を押してくれる風を体感しながら、歴史の船旅に挑戦しよう。いままでとは違う、あっと驚くような古代の世界が見えてくる。

さあ、船出をしよう！　古代史の謎という海へ――。

長野正孝

目次

［決定版］古代史の謎は「海路」で解ける

はじめに　3

第1章 古代、倭人の船旅はどんな旅だった？

●—鉄を運ぶために船をつくり、船をつくるために鉄を運んだ　20
●—風、潮、バラストは海を渡る知恵　24
●—なぜ古代船の船底は平底だったのか　27
●—古代、運河や船曳道が日本じゅうに掘られていた　29
●—なぜ和船に竜骨がないのか　31

●古代に帆は使われていたか　34
●手漕ぎ舟の旅には必ず宿が必要であった　41
●港ごとに物見矢倉と常夜灯があった　43
●日本海をつなぐ倭人の交易の跡、卜骨　48
●星を見ながら海流に乗ってやってきた渡来人　52
●航海の安全・安心と豊かさをもたらした海の神々　56

第2章 卑弥呼はどんな海に住んでいたか？

●「魏志」倭人伝の卑弥呼　62

●—古代の刳り船船団は瀬戸内海を渡れたか　67
●—卑弥呼は宗像海人族の神か　74
●—卑弥呼の特使、難升米の洛陽への航海　80
●—「魏志」倭人伝の邪馬台国は意外なところにあった　87

第3章 古代より航海神が支配していた対馬海峡

●—世界一厳しい海で生まれた神々　92
●—対馬海峡を渡る知恵、潮と風を読む　98
●—天照大神が生まれた対馬の「神の門」、小船越　101

第4章

五世紀、倭の五王が支配していた出雲と吉備

●—最高位の神が住む対馬の南端、豆酘崎　105
●—壱岐は古代日本海における交易の中心地だった　108
●—航海からわかった月讀神と天の岩戸　110
●—出雲と吉備はヤマトより繁栄していた　116
●—吉備の児島がなぜ大八洲の一つなのか　122
●—吉備氏の乱は『日本書紀』定番の殺し合い物語　124
●—倭王武は出雲の王、八束水臣津野命だった　126

第5章 卑弥呼が治めていた倭国・丹後

●—なぜ八束水臣津野命は能登の珠洲を目指したのか 132
●—国引き神話の「北門」は能登半島にあった 134
●—国防上の理由から大八洲になった隠岐と佐渡 138
●—謎を解くカギは丹後で交差する鉄とヒスイの路 144
●—豊岡の中嶋神社が卑弥呼のカギを握る 147
●—丹後半島を横断する船曳道 152
●—半島中心部は鉄とヒスイの一大工業団地であった 156

●―武内宿禰がいた元伊勢籠神社 158
●―卑弥呼がいた丹後二宮大宮賣神社 162
●―東国進出の要衝であった伊勢と熱田 167
●―対馬、壱岐、そして丹後から伊勢へ向かう神々 175
第6章 八世紀、ようやく開かれた瀬戸内海

●―神武東征は虚構だった⁉ 180
●―「航海神」大山積神が助けた瀬戸の難所 182
●―四世紀、瀬戸内海経由でヤマトまで鉄が運ばれはじめた 185

第7章 海路から解けた百舌鳥・古市古墳群の謎

●—大阪湾がにぎやかになるのは五、六世紀 189
●—挫折した難波津の港づくり、住吉の浜が外港に 195
●—造船所をもっていなかったヤマト王権 198
●—八世紀、行基上人が開いた明石海峡・摂播五泊 200
●—だれも説明しようとしない謎の古墳群と大量の武器 206
●—『日本書紀』には、池、用水、道をつくったとしか書いていない 210
●—吉備津彦が手伝った造成事業 216

第8章 馬飼いから天皇になった異色の継体天皇

●—任那、百済の移民がつくった灌漑用水路 218
●—祖国救済、傭兵募集のための運河建設 220
●—治水対策の結果、巨大古墳群ができた 224
●—ヤマト王権に高い文化をもたらした古墳群 226
●—近江を制する者が天下を制す 230
●—地峡で権益をつくった継体天皇、それを壊した織田信長 235
●—応神天皇説話で歴史から消された蘇我氏 239

第9章 倭国から大和へ

●—馬と船で近畿をつないだ継体天皇 242
●—超高齢の武内宿禰が蘇我氏の謎を解く 245
●—時代が重なる継体天皇と蘇我一族 248
●—蘇我氏の水軍から交易使節団に変わった遣唐使 250
●—輪廻転生!? 継体天皇は武内宿禰だった 254
●—日本海と琵琶湖でつながった皇室の血脈 258
●—白村江の戦いと壬申の乱は蘇我氏殺害が引き金 260
●—壬申の乱は神と仏の戦いであった 264
●—倭国から大和へ、国家統一 266

第10章 瀬戸内海、繁栄の船旅

●煬帝が小野妹子に語った「邪靡堆は大和ではない」 272
●国難を招いた斉明天皇の瀬戸内海・親征 276
●盧舎那仏の銅塊輸送を可能にした初の重量物船 278
●『高倉院厳島御幸記』に見る藤原一族のフィナーレ 280

おわりに 286

参考・引用文献 290

第1章

古代、倭人の船旅はどんな旅だった？

●——鉄を運ぶために船をつくり、船をつくるために鉄を運んだ

古代史の謎を解く「海路」での旅を始める前に、当時の基本的な海の常識について、ここで知っておこう。

乗り物の「ふね」には、舟と船という二つの漢字がある。本論ではそのときどきの情景を理解していただくために、舟と船の二つを使い分けて表記している。一般的な「乗り物」として書く場合には船を使うが、本書では丸木舟や一〇人程度を乗せて手漕ぎの櫓《ろ》や櫂《かい》で進む小さな船を「舟」とし、数十丁《ちょう》以上の櫂を装備する、あるいは数十人を乗せ帆走する船を「船」とした。

まず、古代の普遍的な小さな乗り物・丸木舟(刳《く》り船)の話から始めよう。丸木舟は少なくとも縄文時代から、日本じゅうで普及していた。一本の巨木を刳り貫《ぬ》いた丸木舟は各地で発見されている。日本海側では杉、太平洋側では楠《くすのき》で、石器で時間をかけて、ていねいに丸太の単材を割り、カツオ節型に削ってつくる。いったんつくると壊れにくく、百年以上もつという。縄文の刳り船は、ほとんどその地域の漁民の船である。

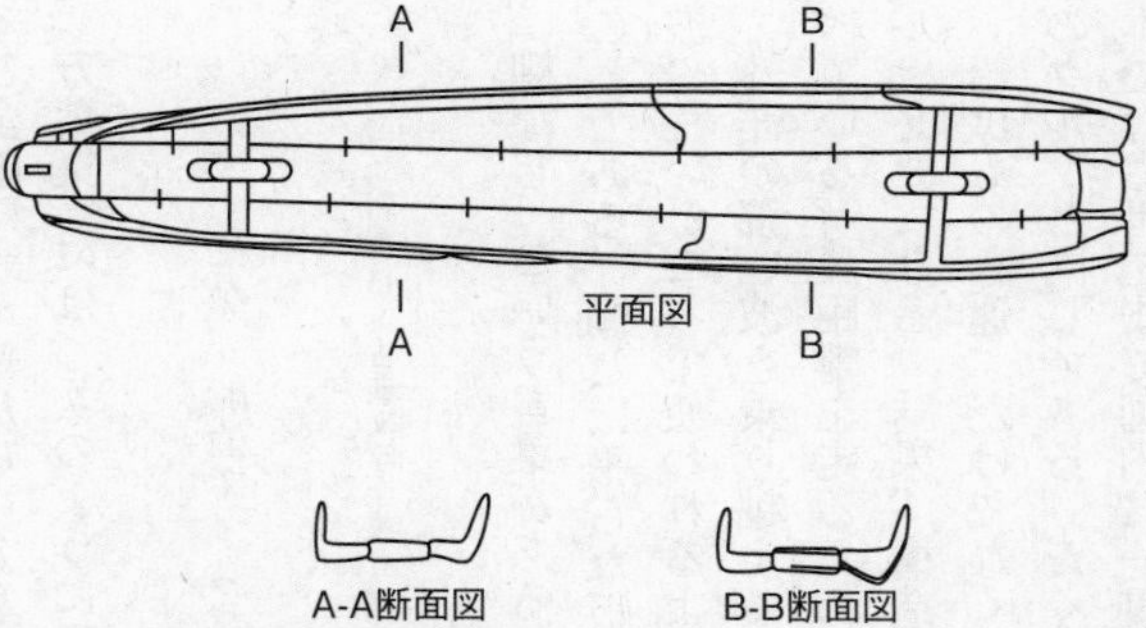

図1-1　3世紀ごろの縫合船

出所）金在瑾「韓国の水中発掘古船」（「海事史研究」第54号）

どのように舟をつくったのか。太い樹を石斧で切り倒し、楔《くさび》を打ち込み、半分に割り、内側を石で焼き、黒曜石のナイフで削り、船体の窪みを深くして舟の形にする。気が遠くなるような作業をくりかえして一隻の舟をつくった。

鉄が手に入る時代になると、舟をつくる能力は格段に上がった。下関市の綾羅木郷《あやらぎごう》遺跡では板状鉄斧《てっぷ》（おそらく楔）、鑿《のみ》、槍鉋《やりがんな》などの鋭利な刃物が発見されている。船をつくる特殊な道具であったことは疑う余地がない。

これらにより伐採、切断などの作業の効率が上がるだけでなく、板材をつなぎ合わせる縫合という精緻な作業が可能になった。「縫合船」の登場である。

時代はかなり下るが、七世紀、八世紀にな

ると全国に鉄が普及し、大型の船が登場する。

『万葉集』には、次のように歌われている。

いずくにか　船泊《ふなは》てすらむ　安礼《あれ》の崎　漕《こ》ぎ廻《た》み行《ゆ》きし　棚《たな》なし小船《おぶね》

高市連黒人《たけちのむらじくろひと》

（『新編 日本古典文学全集6 萬葉集①』巻第一、58、小島憲之ほか校注・訳、小学館。表記は一部変更）

「棚なし」という言葉があるということは、刳り船には棚のある船もあったということである。棚とは平らな板を指す。底板をもつ構造船や、舷《げん》の外側に板をつけ、波の荒いところで使われるようになった船である。

外洋の荒い波を乗り越えるため、竜のように船の先端である舳《へさき》と後尾の艫《とも》が上がっている。長距離を走るため、余計な人を乗せるには、船の幅が最低二、三メートルは必要になる。結果、構造的に大きな船底と舷側板（波除板《なみよけいた》）を備えた船になる。

船はものを運ぶだけでなく、漁業、土木工事のためにも働いた。要するに、現代のクルマと同じである。たくさんの舟をつくるにはたくさん鉄が必要だったが、日本では六世紀まで国内に一貫した製鉄技術がなく、鉄くずや鉄鋌《てってい》を輸入し、製品に

図1-2　井ノ向遺跡の銅鐸に見る弥生中期の外洋渡航船

出所）流水文銅鐸（辰馬考古資料館所蔵）

加工する鍛造を行わざるをえなかった。

　戦後の高度経済成長時代、資源のない日本は資源を輸入するために船をつくる。船をつくるために資源を輸入する。その構造と同じである。

　そして、大型船ができるようになったことで戦争が始まった。装備、兵員、食料を積むことができるようになったのである。福井県坂井市の井ノ《いの》向《むかい》遺跡から出土した銅鐸《どうたく》には、大勢で舟を漕いでいる画が描かれている。

　防衛のために船団をつくる。そのために鉄を輸入し、鉄を輸入するために交易をする。交易の覇権をめぐる戦争をしたのだろう。古代倭国の艦隊の実像が、ここから見えてくる。

　では、どのように戦《いくさ》をしたのか。たんなる刳り船では、同じ漕ぎ手で長時間、航行することになる。積める装備も限られる。漕ぎ手しか乗れない丸木舟では戦闘員も限られ、戦争といえるような戦闘はできなかった。また、軍隊の移動を考える際には、兵站《へいたん》輸送の概念が必要になる。兵站輸送とは、武器弾薬、食料、燃料などの物資輸送をいう軍事用語である。

ここで、古代史に重大な疑問が生ずる。この国に古代ローマのような軍用道路があったわけがない。丸木舟の時代では、事前に食料や装備を準備した港がないと戦争はできない。だから、『日本書紀』に描かれている戦のほとんどは絵空事《フェイク》であると考えてほしい。

●─風、潮、バラストは海を渡る知恵

非力な木造船にとって風は大敵である。強い横風を受けると千石船《せんごくぶね》(米一〇〇〇石が運べることが名称の由来になっている大型の荷船)から手漕ぎ舟を問わず、どんなに舵を押さえても、櫂を全力で漕いでも、どんどん流される。

どんな船にも乾舷《かんげん》といって水面から出ている部分の高さがある。そこが風を受けるため、帆がなくとも舟は風で自然に流される。

ヨット、カヌーなどの操船の専門用語に、「リーウェイ」という言葉がある。風や

潮流を斜めに受けても船を前へ進める操船術である。当時、そんな技術もあったかもしれないが、向かい風や横風を受ければ難儀する。逆に、順風なら楽に進める。

さらに、どんな船でも、日本海、東シナ海で天候が急変すれば遭難する。近代の蒸気船の時代になるまで、これらの海での冬場の航海はなかった。必然的にその日の風を読むことが重要な行為となった。古代、天候を読む神の助けは卜骨《ぼっこつ》による占いであり、出航のときにつねに行われた。これについてはあとで説明する。

一方、潮の流れが激しい瀬戸内海では潮を利用して進むが、避難できるところは多くはなかった。船を寄せられる場所が限られていたからである。江戸時代に汐待ち、風待ち港でつなぐシステムが完成するまで、瀬戸内海を通しての航海は一部の支配者以外はむずかしかった。瀬戸内海では「待てば海路の日和あり」で、風がやむのを待つか、汐を待つしかない。おかしな表現ではあるが「よたよた進む船」の時代であった。

そして、次に心がけねばならないのが、船の重心対策である。日本語で脚荷《あしに》ともいうが、船を安定させるために船底に積み込む荷物をいう。重い荷を下に置いた。

現在も同じである。たとえばタンカーは、油を積んでいない空船では走れないことをご存じだろうか。スクリューや舵が水面から顔を出し、走ることができない。

だから、日本から中東に向かう場合、一定の吃水《きっすい》まで船体を沈めるため、バラスト（船舶を安定させるための重し）の水を積んで走る。

かつて東インド会社のオランダ船が長崎にくるときには、バラストとしてアフリカで砂糖を、帰りは別子《べっし》銅山で精錬した銅のインゴットを船底に積んでいた。東インド会社はバラストだけで莫大な富を得たという。

丸木舟でも千石船でも、現代の船でも、重心が高いと転覆する。だから、できるだけ重い荷物を船底に積んだ。石や土などを積む場合もあった。どの時代の船もバラストは必要であった。

丸木舟の航海も船のバランスを微妙にあわせる必要があった。軽いと転覆するし、重いと少しの波で沈む。風が出て波が立つと船縁《ふなべり》から水が入る。風は禁物。数キログラムの微妙な重量調整をしたと考えられる。

古代の朝鮮半島と往来する舟は、手漕ぎの刳り船である。そのバラストが宗像《むなかた》大社の神宝館《しんぽうかん》にあった。ガイドさんの話によれば、神宝館の収蔵品のなかに、何に使われたかわからない大量の小さな人型の石片があるという。数センチメートルの大きさで柔らかい滑石《かっせき》を削ってつくってある。

私は、みやげを兼ねた往行のバラストであるとすぐに思いついた。朝鮮半島からの帰りは船底に鉄製品を一杯に積んでくるのでバラストは不要だが、行きはこの滑石をバラストにしたのだ。乗組員の体重にあわせて、小さな人形で微妙なバラスト調整をしたと考える。人型という呪術的な願いを込めた脚荷ではないだろうか。

●──なぜ古代船の船底は平底だったのか

地図を開くと、全国に赤間、水間、船越《ふなこし》という地名がある。注意深く地形を見ると、これらはかつての狭水道《きょうすいどう》、分水嶺、船が越えた丘などを示している。これらの場所で古代人が舟を漕いだり、ひいたりするさまはどんなであったろうか。

私は、昔、体験したメコン川・コーンの滝の川下りから想像できる。メコン川は、中国、ミャンマー、タイ、ラオス、カンボジア、そしてベトナムの六カ国を流れる、全長約四八〇〇キロメートルの河川である。

二〇一〇年、私は単身、ラオスの首都ビエンチャンからカンボジアの首都プノンペンまで世界遺産などをめぐりながら、四八〇〇キロメートルのうちの一二〇〇キロメートルを下った。

乗り合いバスとクルマ、先住民である川族の小舟などをつないでの川下りであった。クルーズといっても、ベトナムの河口を観光するような川遊びではない。大河の激流を下るのである。

メコン川は、乾季と雨季とでは水位差が大きい、世界でも数少ない自然河川である。ラオスとカンボジア国境には、有名なコーンの滝がある。この滝があることで南北の文明が遮断されてきた。謎の滝である。

カンボジア国境を越えた滝の直下からスタントレンという町まで、川漁師の舟をチャーターして下った。ちょうど朝鮮半島から対馬までの渡海とほぼ同距離の約五〇キロメートルを下るのに、長さ六メートル、幅一メートルほどの小舟を雇った。乗客は私一人、漕ぎ手二人の三人。

乾季ではあったが、滝の直下からしばらくは激流が続く。川族の親子二人があやつる舟は、時に船外機を使いながら、すばらしいパドルさばきで木の葉のようにガンガン岩にぶつかりながら下る。スリリングな感覚である。

川幅が広くなると、流れはゆるやかになり、底をする瀬に出る。さらに浅くなると、彼らは私とスーツケースを乗せたまま、水がない瀬をゴトゴトひいて進む。両岸の川岸が見えなくなるほど川幅が広くなると、川床にはほとんど水がなくなる。高さ数メートルの樹木が繁茂する小さな丘がいたるところに出現、そこを引き揚げ、流れのあるところへ進む。

変化が多い五〇キロメートルの航行に耐える船底は丈夫な一枚板であった。古代の倭人の旅もこれと同じで、陸ではつねに船をひいて移動し、時には陸に避難した。そのため、底板が割れない底の厚い刳り船、もしくは厚い底板が必要であったと考えられる。

弥生時代の、最大でも積載重量一、二トン程度の刳り船が、その後、構造船になっていくが、浜に避難することは変わらず、平底であることは変わりなかった。

●——古代、運河や船曳道が日本じゅうに掘られていた

古代遺跡についての文書を読むと、「大溝」という記述がある。これはたんなる溝や水路ではなく、人工の水路、または運河と見るべきだろう。

古代ギリシャの都市オリンピアがあったペロポネソス半島とギリシャ本土のあいだには長さ約七キロメートルのコリント地峡があり、一八九三年にコリント運河が完成した。これにより、この半島を四〇〇キロメートルも迂回しなくてもよくなった。

それ以前はどうしていたか。紀元前後から古代ローマ皇帝のカエサル、カリギュラらが運河開削計画を考えたが、当時の技術では不可能で、地峡の脇の山路に船が

越える船曳道を建設し、コロの敷かれた道に奴隷の力で船を引き上げた。

九州から日本海側の丹後、能登半島などに数多くの隠された船曳道がある。専門家もその存在がわからない。この国の考古学というか、古代史では「舟運《しゅううん》」（舟による交通や輸送）という発想がなかったからである。

『日本書紀』に裂田溝《さくたのうなで》という日本最古の用水路が登場する。神功皇后が朝鮮半島遠征の途中で、現在の福岡県那珂川《なかがわ》市に建設したという水路である。そして、現在の奈良県斑鳩町《いかるがちょう》、河合町《かわいちょう》を流れる大和《やまと》川の合流点に、天武天皇が風の神を龍田《たつた》、大忌《おおいみの》神《かみ》を広瀬の河曲《かわら》に祀らせたとある、龍田大社と廣瀬大社がある。後世、これらは灌《かん》漑《がい》用水路や堰《せき》と考えられているが、私は両者とも舟を通す運河としての機能をもった施設であると考える。

じつは、『日本書紀』を編纂《へんさん》した舎人《とねり》親王でも、その目的がわからない運河が奈良にある。『日本書紀』に第三十七代斉明天皇が即位後まもない六五六年、飛鳥《あすか》川、初瀬川、佐保川の支流を横切るかたちで香久山《かぐやま》の西（現在の奈良県橿原《かしはら》市）から石上《いそのかみ》神宮（同天理市）にいたる約一〇キロメートルの水路を三万人で掘り、河岸に倉庫を建て、ほかに七万人の人と二〇〇隻で石上山《いそのかみやま》の石を運んで丘をつくったとある。

私は、斉明天皇は橿原から軍司令部のあった石上神宮まで水を引き、運河をつくったと考える。当時の人びとは、これを「狂心《たぶれごころ》の溝掘り」と語った、と『日本書紀』に書かれている。このような言い方をしたのは、どうやら隠さなければならない事業の意図がそこにあったからではあるまいか。運河や船曳道が見つかり、その地の地形がわかったとき、気づかない歴史があり、定説が大きく変わると考えている。

みなさんと行くこの船の旅で、多くの船曳道や堰を発見しよう。その発見は歴史を変える。

●――なぜ和船に竜骨がないのか

なぜか日本の船と中国の船は、西洋の船にあるような竜骨《キール》といわれる船の背骨がない。昔から板を組み合わせた箱型の船であった。洋式船の構造は、人間の体と同じように背骨に相当する竜骨と、あばら骨に相当する肋材《ろくざい》がある。

それでは、船全体の荷重をこのような骨組で支える技術が、古代中国や日本に入っていなかったのか。そうではない。

ヨーロッパでは、紀元前の昔から地中海を中心に竜骨のある船が広く普及していた。したがって、シルクロードが開かれた前漢時代には、当然ながら西域を経由してヨーロッパの船の技術情報が入っていたはずである。

では、中国や日本に伝播《でんぱ》しても、なぜ普及しなかったのか。その理由として、『海の政治学』(曽村保信著、中公新書)によれば、強度の問題があるという。ヨーロッパで竜骨に使われた、樫《かし》、パーシモン、レバノン杉のような硬い木材が日本や中国にはなく、杉、楠など強度がない木材しか手に入らなかったのである。その結果、ジャンク船のような箱型になったといわれている。

だが、日本に竜骨にふさわしい硬い木があったとしても、底が尖《とが》った構造にはできなかった。この国の船は、平底でなければならなかった。船をひいて陸を越えたからだけではない。

実際に江戸時代初期、何隻かの洋式帆船がつくられている。図1-3は一六一三年、支倉常長《はせくらつねなが》らの慶長遣欧使節団を送ったガレオン船(大型帆船の一種)、サン・ファン・バウティスタ号の復元船の建造風景である。一九九二年、宮城県石巻市のドック(船渠)でのもので、竜骨が見える。見ればわかるが、陸に揚げてひくことはできない。転倒するからだ。日本において、船とか和船《わせん》というのは「浜に引き上げるもの」だったのだ。

さらに、日本の場合、猛烈で、しかもくりかえし襲ってくる敵は嵐である。前に

図1-3　西洋船の竜骨（慶長遣欧使節船「サン・ファン・バウティスタ」建造中）

提供）宮城県慶長使節船ミュージアム

図1-4　和船の船底

提供）長浜市

述べたように、日本の海は気象条件の変化が厳しすぎるため、臨機応変に河口や浅瀬に避難せざるをえなかった。すなわち、天気と相談しながらの航海であった。荷役もそうである。荷役とは荷物を船に積み込んだり、降ろしたりすることである。日本は川が多いため、江戸時代まで河口で潮を見て上がり、そこで擱座《かくざ》させ、荷役を行い、引き潮で川を下った。千石船でも川を上り、あるいは浜に揚げて荷役した。最後は船の建造と修理である。これらは浜に揚げて行う。

前ページの図1－4は、琵琶湖の一つの時代を築いた究極の平底船、丸子船《まるこぶね》である。浅い平たい船底である。琵琶湖の浅い葦原《あしはら》を漕ぎ進むことができた。和船は地域によって形を変えていったが、基本は平底であった。

●――古代に帆は使われていたか

東アジア地域における帆船の歴史は、どこまでさかのぼることができるだろうか。少なくとも紀元前一世紀、漢の武帝の時代に帆で進む船が中国に普及し、三世紀の『三国志』の時代には大型帆船が軍船に使われていた。

石井謙治氏は『和船Ⅰ』（法政大学出版局）のなかで、

日本の船は、上代・中世を通じて帆走は従、櫓を漕いでの航海が主というのが原則であった。

としている。

歴史的にはそのとおりだろう。それはなぜか。古代ギリシャ時代にインド洋で開発された、逆風や向かい風でも使える三角帆《ラテンセイル》も近世に日本に伝わったと思われるが、南方に向かう朱印船などのごく例外を除いて使われてこなかった。

私は、この三角帆を三十年前に見た。ODA（政府開発援助）でインドネシアを訪れた際、ジャワ海のカリマンタンやスラウェシなどの島々で、現地の人があやつるラキャットと呼ばれる三角帆の木造帆船が帆に風をいっぱいに受けて滑るように走る光景を見た。紀元前二世紀に、古代ギリシャの天文学者ヒッパルコスが天測航法によってインド洋に帆船を投入しはじめた時代の、化石のような商船である。

日本船が四角帆でよしとした理由は、気象条件と運用目的だといわれている。また、一定のほどよい風が吹かないこの国では、帆を使うだけの利点があまりなかった。

では、日本の中世までの帆の変遷について考えてみよう。四世紀から五世紀の日本海を走る半構造船は残っていないので類推するしかないが、安達裕之氏は『日本の船 和船編』（船の科学館）のなかで、江戸時代に幕府直轄の東蝦夷地《えぞち》の薬草調査に同行した絵師、谷元旦《げんたん》が描いたアイヌ民族の船（図1－5）に古代船の名残《なごり》がある、と述べている。ただ、このような帆の材質が千年以上前にあったかは疑問である。

十六世紀、イエズス会の宣教師として日本で布教活動をしたルイス・フロイスは、『日欧文化比較』（岡田章雄訳・注、〈大航海時代叢書11〉、岩波書店）で船の比較をし、材質まで語っている。

われわれの船は多く帆だけを使う。日本の船はすべて漕がれる。
われわれの船は布製の帆を使う。日本のはすべて藁《わら》の帆である。

（原著の注は省略。表記を一カ所変更）

フロイスが瀬戸内海を旅した記録（記憶）からであり、当時、日本全国すべてがそうではなかったと思うが、帆が補助的手段であったことはまちがいない。強風でもつ布の材質はなかったし、帆が丈夫であれば帆柱が折れ、折れなければ沈没するからである。

図1–5　アイヌの帆船

出所）「蝦夷紀行附図」（函館市中央図書館所蔵）

図1–6　袴狭遺跡から出土した船団線刻画

提供）兵庫県立考古博物館

したがって、和船は伝統的に漕ぎ手の人力をおもな動力とし、帆は粗末な材質で加速推進のための補助動力としていたようだ。兵庫県出石《いずし》郡の袴狭《はかざ》遺跡から出土した線刻画（図1－6）には一六隻の大船団が描かれているが、どの船にも帆が描かれていない。これは卑弥呼より百年以上前の天日鉾命《あめのひぼこのみこと》に関係する遺跡といわれ、もっとも古い外洋船を語る遺構の一つと考える。

卑弥呼の時代の船乗りたちが、潮と風をつかんで腕力ではなく頭を使って対馬海峡を渡ったと思われる話が、対馬の歴史研究家、永留久恵氏の『対馬国志第一巻原始・古代編』（「対馬国志」刊行委員会）に漁師の記憶として書かれている。対馬の西海岸の古老の漁師の話であるが、潮と風を選ぶと自然に舟を運んでくれ、昼ごろに釜山《プサン》に着くという。帆がなくとも風が舟を運んだのである。

うまく風と潮に乗り、好天時に余裕をもって一気に漕ぎ進む技を、古代の海人《あま》族はもっていたと考えられる。天気を読み、帆ではなく若者たちの強い力で漕いでいく。努力の積み重ねが、事故を起こさずに渡れる経験則を彼らに与えたのだろう。後述するが、卑弥呼の祈禱《きとう》は天気予報でもあり、心に安心を与える儀式でもあった。これが倭国の「海路」の真の姿である。

さて、古代の帆の実相について、遣唐使の航海を語ることなく締めくくることはできない。遣唐使については、二つの実像がある。

上田雄《たけし》氏の『遣唐使全航海』（草思社）によると、第一回から第六回（第四回は除く）までの北路については、風より腕力を使って朝鮮半島西岸の港をつないだ。

一方、第七回以降の南路は、大陸まで五〇〇キロメートル以上の距離がある東シナ海の大海原に放り出される。とうてい腕力だけでは無理である。天候しだい、まさに運を天にまかせる航海にならざるをえなかったと考える。その理由については第9章で説明するが、蘇我氏が築いてきた朝鮮半島への海路を乙巳《いっし》の変で一瞬にして失った。そのため、新しい海路の開拓を余儀なくさせられたと考える。

第七回以降の遣唐使船はどんな航海だったか。上田氏は前掲書のなかで、この航海を次のように述べている。

遣唐使船の航跡は、基本的には季節風を利用した（略）。

（略）季節風の最盛期には、夏には台風などが発生する危険があり、冬には強烈な季節風の吹き出しが周期的に起こり、また東シナ海の台湾北方では（中略）突発性の強い低気圧による時化《しけ》がしばしば発生するので（中略）大きな遭難事故を引き起こすという結果になった（略）。

では、帆走だけで進んだのか。私は、船体が水面から出ている部分、乾舷に受ける風が重要だということを前に述べた。季節風を考えたという意味は厳密な帆走ではないが、この船体に受ける風を考えた。

さらに、多くの櫂を備え、一隻あたり一〇〇名以上の乗組員が乗船している。東シナ海を早く渡るために、昼夜を問わず必死に漕ぎ進んだことは疑う余地がないだろう。

季節風を利用して航海をした遣唐使船の姿は、現代で考えるような帆走とは違う。私は、風も人力も利用し、よたよた漂いながら進んだと想像する。

十九世紀のクリッパー（インド洋からヨーロッパ、アメリカまで、お茶や羊毛などを積んで走った高速帆船）のように、荒波を蹴立てて帆走する勇壮な遣唐使船が描かれた絵を見たことがあるが、そのような遣唐使船はありえないと考える。

なぜ、ありえないか。強風下での全力帆走はありえないからだ。まず、強風が吹けば船体がもたないこともさることながら、帆を下ろすのが常識である。網代《あじろ》で編んだ帆はたちまち、ずたずたに裂けるか、仮に帆が耐えたとしても帆柱がすぐに折れるからである。

強風に耐えられる強靫《きょうじん》な帆やロープ、帆柱をつくれる材料は、当時、東アジアにはなかった。結論をいえば、江戸時代でも、日本の周りの海では帆は塩梅のよい風でしか使えなかった。あくまで、帆は補助的な存在でしかなかったのである。

この時代から始まった日本海、東シナ海の渡海術は、幾世代を経て水軍として有名な松浦《まつら》党に受け継がれていく。八幡大菩薩《はちまんだいぼさつ》の旗と小型の帆を掲げて走った瀬戸内海賊や村上水軍、毛利水軍にその名残を求めるのは、さほど外れてはいないのではないだろうか。

●――手漕ぎ舟の旅には必ず宿が必要であった

ルイス・フロイスは次のように書いている。

われわれの船は昼も夜も航行する。日本の船は夜は港に留まり、昼間航行する。

われわれの船はしばしば雨を気にかけず航行する。日本の船は天気が晴朗でなければ航行しない。

（『日欧文化比較』岡田章雄訳・注、〈大航海時代叢書11〉、岩波書店。原著の注は省略）

これは聞き書きや想像ではなく、当時の瀬戸内海から京に上った経験を語っている。

鉄の交易が始まる前、黒曜石やサヌカイトを運んでいたはるか昔から、船の旅人宿は全国の港々にあったはずである。日本海沿岸の鉄やヒスイの路では多くの遺跡に宿の跡が残っている。代表的な遺跡に長崎県壱岐《いき》の原《はる》の辻《つじ》、島根県の出雲《いずも》、鳥取県の淀江《よどえ》（妻木晩田《むきばんだ》）、青谷上寺地《あおやかみじち》、石川県能登の邑知潟《おうちがた》、万行《まんぎよう》遺跡があり、それぞれ巨大柱を有する大型建造物跡が数多く発見されている。

この国の古代史の専門家には、海岸や川沿いにあるこの種の大型建造物を王の館とか、弥生神殿、ユダヤの神殿という方がいる。掘っ立て穴の数が多く、建物が巨大なことと、柱が太いので、無難なところでそう考えたらしい。

だが、まず、敵の夜襲がある無防備な海岸には王の館はつくらない。海を臨む山の上や環濠《かんごう》のなかだろう。次に、神殿と考えるには無理がある。神道の普及はもっと先だからである。要は、巨大柱に驚きを感じているだけである。べつに不思議ではない。当時、日本海側だけでなく全国の海岸では裏山へ行けば巨木はいくらでもあった。そのまま、丸太の柱にした。

竹中大工道具館の話によれば、「丸太を角材にするには手斧《ちような》、槍鉋が必要である。

これらの道具が登場するのは五世紀である。そして、角材が使われた最古の建造物は六〇七年に建立《こんりゅう》された法隆寺である」とのこと。したがって、二、三世紀の掘っ立て柱の遺跡はたんに柱を立てただけであった。

長い旅の場合、一般に人間の能力として連続して漕ぎ進める距離は、一日あたり一〇～二〇キロメートル程度である。宿泊できる船宿をつないだのである。

その後、文字による記録が残される時代になって、この種の宿はどう書かれているか。第二十七代安閑《あんかん》天皇、第二十八代宣化《せんか》天皇の時代、蘇我稲目《そがのいなめ》らによって官人の旅、官船や軍船の航海に食料や替え馬、替え船、代行の漕ぎ手などを提供する「屯倉《みやけ》」という施設が全国に登場する。屯倉にはいろいろな説があるが、私は駅制のような施設であったと考える。

ローマの軍用道路のように兵站基地としての屯倉や宿泊施設が整備されたことで、船団による軍隊の移動が容易になった。宣化天皇以前の四道将軍、吉備氏の乱などの戦争は、まったくの絵空事である。宿がなければ長い航海はできないからである。

●――港ごとに物見矢倉と常夜灯があった

遺跡のなかには極端に長い柱が見つかることがある。長い柱があると、考古学の先生方や宗教関係者は中国の楼閣やユダヤの塔であるという。土器か何かにそんな絵が描かれていたのが根拠らしい。

これについて、ある宗教関係者の講演を聞いた。要約すれば、弥生時代、それ以前から、高度な知識をもったユダヤの部族が中東から砂漠を渡ってアジア方面に移動した。その一部が海を渡り、この国に神道を広めたという。そのときつくった祭《さい》祀《し》のための塔と、前に述べた神殿がこれらの施設であるという。だが、弥生時代、文字のない時代には布教はむずかしいという前提が抜けている。

私は、これらの長い柱がすべて港の遺跡にあることから、見張り台、もしくは物見矢倉《やぐら》（櫓《やぐら》）であると考える。どんな港でも、舟に対する見張り、夜の常夜灯は必要であったと断言できる。世界じゅうどこにでもあるし、どの時代でもあるからだ。ただ、近くに山がある環境では山に見張りを立てた。日和山《ひよりやま》という名前の山がそれである。舟の到着を見張り、夜には火を焚《た》いて船を安全に港に導く山でもあった。

物見矢倉は、原の辻遺跡や出雲大社が有名であるが、実際の物見矢倉の効用を考えてみよう。人間の目線では、地球が丸いので五キロメートルほど先、一〇メートルの高さの塔であれば一二キロメートル先まで見える。七キロメートルの差は大きい。船影が見えてから、櫂が水をかき、櫂がきしり、帆を下ろす掛け声が聞こえるようになるまで時間差は二時間以上となる。普通は港にどっと活気がみなぎり、湯を沸かし、歓迎準備が始まる。福の神がきたのである。

船がやってくると、普段は農作業やほかの仕事に従事していた農民や馬による運送業者は、いっせいに集まって、陸揚げ準備を手伝う。交易の場合、産品の値決め交渉を行い、揚がった荷物は市に出され、物々交換される。そして、宴に入る。

日本には、正月の初夢を見るために七福神の絵を枕の下に入れる文化がある。船に乗った福の神への祈りは、日本には古くから存在した。お宝を積んだ船がやってくれば商売ができる。これは大いなる喜びである。

長崎のグラバー邸や坂本龍馬らがつくった日本最初の商社、亀山社中が、なぜ山の上にあったのか。船の姿が見えたら、いちばん早く駆けつけて商談をするためである。商売は「早い者、高いところ勝ち」なので、目を光らせ、油断してはだめである。グラバーは馬で港まで駆けつけたという。

物見矢倉は、集落の存亡にかかわる事件も回避してくれる。敵が船団でやってくれば一大事である。怪しい船には、違う狼煙《のろし》があげられる。笛や銅鑼《どら》で知らせる。交易目的か、それとも私掠船《しりゃくせん》、海賊はたまた敵船か——すばやく門を閉め、弓矢、槍、甲冑《かっちゅう》をつけて戦闘準備に入る。緊張の時間が続き、物陰で戦闘の準備をしつつ見張る。

いつも見慣れた船なら緊張は解けるが、見慣れない船なら割符や暗号で安全を確認する。そして、交易の交渉が行われる。それがすむと浜に船が揚げられ、魚の干物、鉄や牛馬などを下ろし、ヒスイや碧玉《へきぎよく》など宝石の原石を積む。逆もあった。そんな荷役は船の水夫だけでなく、急遽《きゆうきよ》、集められた地元の住民の手で行われた。どの港でも物見矢倉や柵は必要だったのだ。

四世紀、五世紀の日本海側。突如として水平線の向こうから渡来の難民を乗せた大船団が、あるいは重装備をした船団がやってきた。そういった光景が数多く見られ、ときには略奪があり、環濠集落はその防御対策であったと考える。多くは高句《こうく》麗《り》の南下で追い落とされた種族が漂着した。怖い時代であった。

図1－7は、出雲大社の巨大柱の想像図である。あとでくわしく述べるが、出雲は渡来の民の受け入れ場所であったと考える。ただ、出雲大社は祭祀の場と説明しており、物見矢倉とはいっていない。

出雲大社以外でも、柱跡を違う建物と考えているところは多い。奈良県田原本町《たわらもとちよう》にある唐古《からこ》・鍵《かぎ》遺跡には、中国の楼閣と似た、巨木による掘っ立て柱の大型建物があったという。むろん、遺跡には柱穴しかないから、建物の形は推測でしかない。

図1−7　出雲大社の巨大柱（想像図）

（©iti/amanaimages PLUS）

当時、奈良には古奈良湖がなくなり、いくつもの水路があったはずだが、海と結びついていないので、河川港の船宿という認識は盆地の遺跡にはないらしい。そして、高い建物の目的に気づかないので、「中国の楼閣だ」という結論になる。

この物見矢倉は、灯台の役割も果たした。船が夜になっても迷わず着けるよう火を焚いた。古墳時代後期になって、奈良盆地の大和川支流では舟運が四《し》通《つう》八《はっ》達《たつ》したと考える。

もう一つ、重要なことを忘れてはならない。古墳時代には、古墳も物見矢倉と灯台の役目をしていた。陸上では道標の機能ももっていたとも考えられる。二世紀から七世紀、西日本では日本海側から瀬戸内海に向けて川や踏み分け道の両側に、全面に石を張った光る古墳が無数につくられた。方墳、円墳、前方後円墳もあるが、古墳時代のこの張り石を葺石《ふきいし》という。

なぜ、葺石をしたのだろうか。作家の黒岩重吾氏は『古代史への旅』（講談社文庫）で、これらの古墳は灯台の役割を果たしているという趣旨のことを書いている。私もそう考える。

明るい夜に暮らす現代人には想像もつかないかもしれないが、葺石を施した古墳は、じつは薄暮や夜中でも白く光り、安全な場所であることを示した。

もともと、高句麗など北東アジアの遊牧民は羊の群れを連れて大草原を旅する。そのとき、民族・同胞の墳墓が道標の役割を果たしたと考える。光る古墳は、かの国の習わしをもちこんだものではないだろうか。

瀬戸内海にも三世紀から四世紀ごろまで、海路を支えるために五色塚《ごしきづか》古墳（兵庫県神戸市）、楯築墳丘墓《たてつきふんきゆうぼ》（岡山県倉敷市）など、光る古墳が灯台として登場する。

●——日本海をつなぐ倭人の交易の跡、卜骨

すでに述べたように、古代の航海では、吉凶を占う卜骨祈禱の儀式が行われてい

図1-8　卜骨

提供）鳥取県

た。その痕跡は、日本海側から東海地方の海岸沿いに点々と続いているという。なぜ、東海地方か。第5章でその謎が解ける。

卜骨とは何か。物事を始めるときや旅をするときなどに、吉凶や旅の是非、方角などを占う方法である。鹿や猪の肩甲骨に穴を開けて焼き、そのひび割れの形で吉凶を占うというもので、朝鮮半島の習慣である。

航海の安全を祈るだけではなく、天気を予測して、海に出ることが安全かどうか、神の名で託宣したのである。

これは、いつごろから行われていたのだろうか。「魏志」倭人伝には、こうある。

其《そ》の俗、事を挙げ〔もしくは〕行来《こうらい》に、云為《うんい》する所有らば、すなわち骨を灼《や》きて卜《ぼく》し、以《も》って吉凶を占《うらな》う。

（『倭国伝』藤堂明保／竹田晃／景山輝國訳注、講談社学術文庫。表記は一部変更）

古代、鹿占《しかうら》、亀卜《きぼく》という二つの方法があり、鹿の肩甲骨を使うのが占で、亀の甲羅を使うのが卜である。これが卑弥呼の鬼道という祈禱法である。

司馬遼太郎は、『街道をゆく13 壱岐・対馬の道』（朝日文庫）のなかで、次のように述べている。

このト占術は（中略）鹿卜《ろくぼく》、亀卜《きぼく》ともある時代には入りまじって存在した。こういうト占は、中国の神代ともいうべき殷《いん》王朝にすでにあった。殷の初期には牛の骨を用い、のち亀の甲を用いた。焼いてひび割れを見、かつそこに占った事柄や結果などを刻んで記録する（以下、略）。

対馬では、亀の甲を使う儀式が行われていた。亀卜の儀式である。卜骨は儀式終了後に貝塚に捨てられるので、朝鮮半島南部、九州北部の島嶼《とうしょ》部から日本海沿岸にかけての古代遺跡で探すことができ、どこまでが倭人の経済圏か、その実像を調べることができると考えている。

「魏書」東夷伝には、朝鮮半島の東南部における鉄生産と交易に関する記述が見られる。金海《キメ》、東萊《トンネ》（釜山の温泉地）はその比定地とされ、伽耶《かや》（現在の金海《キメ》）の金海府院洞貝塚、東萊の楽民洞貝塚付近が「鉄の路」の起点とされている。韓国の勒島《ヌクト》、対馬の厳原《いずはら》、壱岐の原の辻、沖ノ島、岡垣、唐津の松浦潟、福岡の香椎《かしい》潟から、下関の穴門《あなと》、萩、益田、浜田、江津《ごうつ》、温泉津《ゆのつ》、出雲、米子、淀江（妻木晩田）、東郷池、青谷（青谷上寺地）、湖山池では、鉄の遺構、卜骨遺跡が連続して発見されている。

これが、古代の海路が日本海側に続いている証拠である。そして、卜骨祭祀の骨が発見されたところが、「魏志」倭人伝でいう倭人の交易の跡であり、姫巫女《ひめみこ》（卑弥呼）の鬼道の地である。鳥取より北は遺跡が潟湖《せきこ》に埋まったところもあるが、倭人の旅はさらに東に向かっていたと考える。弥生時代には、卜骨は日本海側だけでなく伊勢湾から太平洋側にもあった。

これは何を意味するのか。全国の海岸で行われた卜骨の儀式を、倭人伝では「変な術を使う卑弥呼という女王がいる」と陳寿は理解したのであろう。

●――星を見ながら海流に乗ってやってきた渡来人

一、二世紀ごろから、丹後や敦賀、能登・加賀地方だけでなく、日本全国に不思議な古墳(墳墓を含む)や古代製鉄遺跡が登場しはじめる。渡来人がつくった古墳である。

日本に漂着した彼らの祖先の墓制にならい、方墳、円墳など、さまざまな古墳をつくりはじめたと考えられる。前方後円墳の時代になっても、日本じゅうに不思議な塚や古墳は増えつづけた。四隅突出型墳丘墓という特殊な古墳がつくられるなど、その多様性は倭人の墓制の変遷だけではとても説明がつかない。

こうした古墳は、列島に二〇万基以上あった。数が多いのは、奈良、大阪ではない。いちばん多いのは兵庫県、次いで鳥取県、京都府である。しかも、川沿いに多い。

なぜか。日本海側に着いた渡来人の集団は、次々に瀬戸内に移動した。その山越えの際、重量物の武具、家財、道具類は舟で運んだと考える。川筋の地付きの豪族がそれを手伝った。

この国の急流河川に舟を通すためには、たえず河道を改修せざるをえなかった。その浚渫《しゅんせつ》土砂をくりかえし積み上げたのが古墳となったと考える。もちろん、これらの古墳は権威を示す豪族の墓となった。

前述の四隅突出型墳丘墓という特殊な墳墓が国内にいくつかある。方形墳丘墓の四隅が飛び出した墳丘墓である。美作《みまさか》（岡山県）、備後（広島県）、出雲、能登などにばらばらとある。これも朝鮮半島や沿海州にいた元は同じ部族が日本海を越えてやってきて、違う地点に漂着し、定住したとすれば、説明がつく。北朝鮮に騎馬民族のものと思われる同様の古墳がたくさんあるからである。

先に述べたように、四世紀ごろから日本海側に大型の船が着きはじめた。交易というより、難民の漂着である。彼らは何者か。高句麗の南下によって、周辺の弱小民族が部族ごと移動を始め、海に逃れ日本列島に漂着したと考える。

この東アジアの動乱については「魏書」東夷伝に民族ごとに書かれている。それによれば、彼らは高句麗の侵略から逃れてやってきた民である。季節風に乗って春か秋の季節のよいとき、とくに北風が吹く秋口から多くなる。濊《わい》（『三国志』や『後漢書』などに記されている古代民族）などの中小の遊牧民族である。遊牧生活で培《つちか》った、星を頼りに旅するスキルで海に落ち延びたのである。

朝鮮半島の東側には時計と反対まわりに流れるリマン海流があり、風とその潮に乗ってやってきた。近年、北朝鮮の漁船が日本海で難破して漂着するのと同じルートである。つまり、漕ぐことなく、数日あるいは十数日間、風と潮流だけで航海すると日本に到達する海の路である。最初の馬や羊もこの海路をやってきた。

では、彼らはどのように航海したか、図1－9を見て考えてみよう。沿海州か朝鮮半島の東側から船を出す。まず、リマン海流に乗って北極星を見ながら南下し、星の位置が北緯35度から36度付近で暖流の対馬海流に乗る。その位置を保持しつづけると日本列島の日本海側の三つの出っぱり、すなわち島根半島、丹後半島、能登半島のいずれかに引っかかる。外れて新潟、秋田の海岸まで含めると、日本海側のどこかに漂着した。

こうして、出雲王国や丹後王国ができ、能登に渡来の古墳が数多くできたと考えるのは不思議ではない。

星を見ながら移動するのは、遊牧民のならいである。奈良県明日香村にあるキトラ古墳の天井は周囲に四神（東の青龍、南の朱雀、西の白虎、北の玄武）が配置され、中央に北斗七星を中心に星座が描かれている。大草原の遊牧民の旅は星座を見ながら家

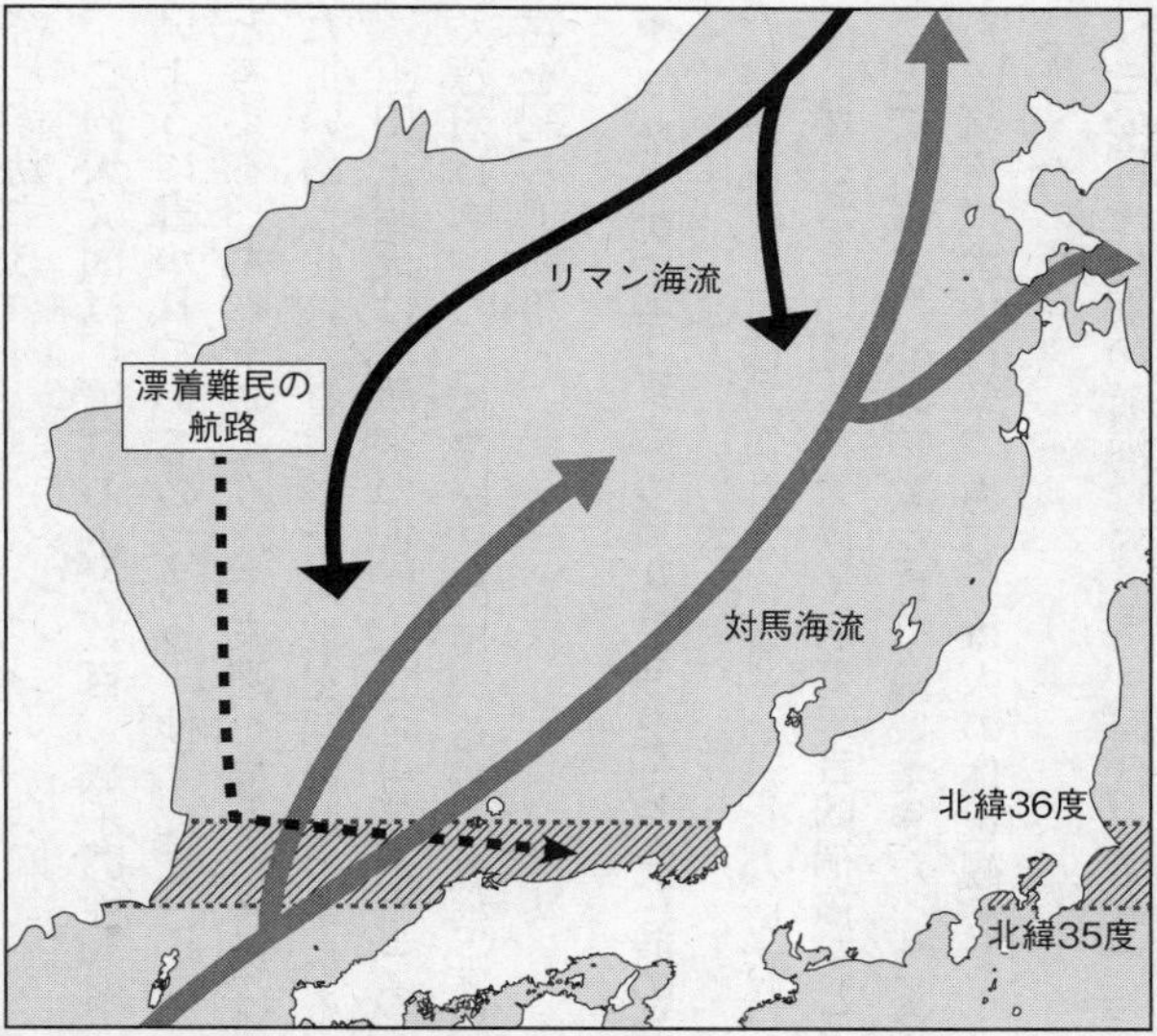

図1–9　渡来人は潮に乗ってやってきた

出所）長野正孝『古代史の謎は「鉄」で解ける』（PHP新書）

畜と移動する。

この天文図は、墳墓の主が数百、数千の家畜を連れて黄泉《よみ》の国を行くため迷わないように書かれているのだろう。ゆえに私は、キトラの主も、元は遊牧民であったと考える。キトラのような天文図を描いた古墳は、北朝鮮に数多くある。彼らは海に追い落とされ、日本で新天地を開いたのである。

上田正昭氏は『渡来の古代史』(角川学芸出版)のなかで、律令時代になっても数多く漂着はあったと渡来を認めているし、森浩一氏は多くの書で「日本海文化」の存在を記している。

●——航海の安全・安心と豊かさをもたらした海の神々

自然現象、疫病対策などがよくわからない古代においては、つねに神が社会を支配してきたといえる。天候や病気、吉凶禍福など巫女《シャーマン》が祈禱し、神の意志を伝えることで人びとの心の不安を取り除いてきた。この方法はどの国でもほぼ同じであった。気象や天体現象、あるいは人の体を観察して神意を読み取るのが、巫女の仕事であったのだ。

この国では海の航海に対して、時代が下るにつれて多くの神々が登場する。仏教や道教の影響は大きかった。中世には「板子一枚下は地獄」といわれる海の安全祈願は、神社仏閣の大切な仕事になったと考える。

ルイス・フロイスは、前出『日欧文化比較』のなかで、こう記している。

われわれは海の精や海人のことはすべて虚構と考えている。彼らは海の底に蜥蜴《とかげ》の国があり、その蜥蜴は理性を備えていて、危険を救ってくれると思っている。

蜥蜴とは竜のことだろう。もともとは道教の神仙思想からきており、中世まで海の底の竜は信じられていたようだ。いつごろ、この伝説が生まれたのか。古代、権力をもっていた豪族が日本海側に広めた仏教とともに神仙思想も伝来し、受容していったことは否定できないだろう。

日本海の交易路に建立されていった寺社の縁起に竜宮説話が広まった。その竜をなだめるために、江戸時代には、廻船船主は絵馬を神社仏閣に奉納することが習わしとなったといわれている。

海彦・山彦、海人族が住むところに導かれる竜宮伝説は、「記紀」において神武天皇につながる重要な位置を占めているが、その説話も西から東に海の男たちによって伝えられたものを編集したと考える。

朝鮮半島や中国で動乱が起こるたびに、多様な渡来が行われた。さまざまな海の儀式、流儀、思想が時代、時代でやってきた。前述の仏教や道教以外に、出雲を中心とする遊牧民の天や祖霊を敬う儀式もあれば、中国から渡来した長崎や山陰の遭難した船乗りの霊を弔《とむら》う精霊《しょうろう》流しの儀式もいつしか伝わった。

もう一つ、仏教や道教とともに陰陽五行説が同じころ日本に伝わっている。自然や天文を観察し、時刻の管理、易の術と合わせて、吉凶禍福を占う術としてヤマト王権に受け入れられた。日本に本格的に導入されたのは、百済《くだら》滅亡のあと、中大兄皇子の時代である。

陰陽師《おんみようじ》がヤマト王権の神官として遣使船に乗るのは、六五九年の第四回遣唐使が最初であると考える。変わりやすい日本海の天候を占う巫女、朝鮮半島に渡る長距離航海を支える蘇我氏のプロ集団が消え、神頼みの航海が始まったと考える。

素人の航海を技能集団が助けたのが、瀬戸内海だけでなく壱岐、対馬、九州の航海を助ける在所の神々で、ヤマト王権は『日本書紀』で神々と縁を結んだ。

『日本書紀』は、よくいえば、後発のヤマト王権がその地その地の神々を崇《あが》め糾合《きゅうごう》するさまを描くことで歴史をつくったのである。民族融和の書である。大八洲《おおやしま》や出雲、敦賀、丹後の物語がそうである。

ヤマト王権は、どのように国を統一したか。海を渡っていくうちに、しだいにその背景がわかってくる。

第2章 どんな海に住んでいたか？

卑弥呼は

住んでいたか？

●――「魏志」倭人伝の卑弥呼

いよいよ邪馬台国、卑弥呼の海を漕いでいこう。

「魏志」倭人伝によると、邪馬台国には伊支馬《いきま》、弥馬升《みまし》、弥馬獲支《みまわき》などの官吏がいるとされている。卑弥呼は、国家連合体によって担《かつ》ぎ出された女王と読み取れる（松尾光『現代語訳 魏志倭人伝』KADOKAWA）。

卑弥呼は一〇〇〇人の婢《はしため》（侍女）を使って、宮室《きゆうしつ》、楼観《ろうかん》、城柵を構えた城に住み、鬼道を使っていたとある。鬼道とは仏教、道教以外の祈禱、呪術の総称だとされている。卑弥呼の死後、跡を継いだ壱与《いよ》も晋の時代に朝貢している。

『晋書』武帝紀に、二六六年、「十一月己卯《きぼう》。倭人、来たりて方物（特産物）を献ず」と朝貢があったことが記されている。

卑弥呼の王国の所在地は、長年にわたって考古学会を二分する議論になってきた。「邪馬台国はどこにあるか」――それは明治の日露戦争の時代に内藤湖南（近畿説）と白鳥庫吉（九州説）の論争が嚆矢《こうし》とされ、いまに続いている。

『日本書紀』には、明らかに卑弥呼を神功皇后に比定している記述が存在している。

『日本書紀』の神功皇后摂政三十九年の条《くだり》に、こうある。

是年《ことし》、太歳己未《たいさいきび》にあり。魏志に云わく、明帝《めいてい》の景初三年六月に、倭の女王、大夫《たいふ》難斗米《なんとまい》等《ら》を遣《つかわ》し、郡《こおり》に詣《いた》りて、天子に詣り朝献せむことを求む。

（『新編 日本古典文学全集2 日本書紀①』小島憲之ほか校注・訳、小学館。表記は一部変更）

ここで『日本書紀』では神功皇后と記さずに「倭の女王」と表現することで、「卑弥呼は神功皇后である」と宣言したのである。

まず、素朴な疑問から始めよう。

なぜ、山に囲まれて海のない奈良盆地の纏向《まきむく》遺跡が邪馬台国＝近畿説の有力な候補地とされるのか。

なぜ、海のない、山の中の纏向遺跡付近に、「魏志」倭人伝にあるような、卑弥呼が支配する大きな国があったというのだろうか。

どうして、海がない山の中に、平城京という日本の首都ができたのだろうか。

まことに不思議な話だ。

数万年前、奈良盆地全体が水の底にあった古奈良湖という大きな湖があり、やがて水が引いて、そこに水運が四通八達し、マチができていった。小さな海があった。竹村公太郎氏の『日本史の謎は「地形」で解ける』（PHP文庫）は、一つの答えを教えてくれた。奈良盆地と大阪湾は大和《やまと》川という水路でつながっており、昔から舟運が盛んに行われていたのである。

纏向遺跡は奈良県桜井市三輪山に近く、奈良盆地の南東にある大規模な遺跡で、かなりの人口を有し、宗教施設を構えていたと考えられる。そうしたことから、卑弥呼の都として邪馬台国＝近畿説の重要な根拠の一つとなっている。

『日本書紀』に書かれている纏向古墳群のなかに位置する倭迹迹日百襲姫命《やまとととひももそひめのみこと》の箸墓《はしはか》古墳が卑弥呼の墓という説が大正時代に生まれ、今日にいたっている。長い歴史から見れば、ごく最近の説ということができる。

だが、いままでの発掘調査の結果を見ると、纏向など奈良盆地には九州や日本海側にあるような鉄の文化がどうも届いていない。いや、そうではない。纏向古墳群には箸墓古墳以外に、三世紀半ばの鉄鏃《てつぞく》や刀剣類、鉄製農工具などの副葬品が出土したホケノ山古墳がある。そして、三世紀半ばの古墳であれば卑弥呼の可能性は高いと考える。邪馬台国はこの地であるという主張が識者から行われている。

周りをよく見ると、三世紀半ばといわれる鉄器を埋蔵する古墳が、奈良県境の丘陵地帯を越えて木津川流域に続いている。およそ五キロメートル北の天理市の黒塚古墳、そこから二〇キロメートル離れた京都府木津川市の椿井《つばい》大塚山《おおつかやま》古墳もある。ここは卑弥呼の鏡、三角縁神獣鏡《さんかくえんしんじゅうきょう》が多数出た有名な古墳である。

これらの古墳の位置を見ると、それぞれ舟で一日で行ける距離である。貴重な鉄器は人力では運んでいない。鉄を運ぶために水路があったと考える。

『日本書紀』の崇神天皇十年九月の条に、

（略）精兵《ときいくさ》を率《い》て、進みて那羅山《なら》（注＝奈良山）に登りて軍《いくさだち》す（注＝陣営を張った）。時に官軍《みいくさ》屯聚《いは》（注＝群れ集うこと）みて、草木《くさき》をふみならす。

（『新編 日本古典文学全集2 日本書紀①』小島憲之ほか校注・訳、小学館。表記は一部変更）

とある。

三世紀半ばかどうかわからないが、古墳時代に奈良山に船曳道をつくっていたと考える。これらの古墳をつなぎ、淀川水系を行き来したのは、カヌーのような小さな舟である。したがって、私はヤマト王権には外洋を走る大型の船をつくる技術はなかったと考えた。

以前、私は、

「大和（奈良）では魏まで特使を送る船を建造できなかったのではないか」

「ゆえに、大和に卑弥呼の王国があったとは思えない」

と述べた。

これに対して、「カヌーのような刳り船で瀬戸内海は通れる」とのご意見をいただいた。卑弥呼の船は縫合船ではなく、刳り船という考えもあったわけだ。「なるほど」だが、そのような舟で本当に、瀬戸内海と九州の海を旅することができたのだろうか。

卑弥呼の時代を想定し、実際に纒向から大和川もしくは木津川を経由して大阪湾に出て瀬戸内海を航海してみよう。私は、三世紀の中国、魏まで卑弥呼の国、纒向から刳り船で漕ぎ出して、日本人にロマンを与えているこの論争に違う切り口から加わりたいと思う。

大阪湾、九州の海、そして瀬戸内海は、当時どんな海であっただろうか。卑弥呼の特使、難升米《なしめ》（注＝本書ではこの表記を使用）が魏の皇帝に拝謁するための洛陽までの長い航海は、どのような航海であったか。

さあ、一緒に旅に出よう。

●――古代の刳り船船団は瀬戸内海を渡れたか

カヌーのような刳り船で古代の瀬戸内海を渡ってみよう。「カヌーのような舟では渡れない」という私の主張に大きな反響があったからである。カヌーに乗っている人から「瀬戸内海はカヌーでも問題ない」と反論があり、多くの賛同者があったようだ。彼が語っているのは、「自分の経験では瀬戸内海は物理的に漕げる」という話だ。

以前、東京大学名誉教授で冒険家の月尾嘉男氏の例を出し、「カヌーで瀬戸内海の渡航を楽しんでいる」「実際に横断された人もいる」と紹介した。もともと、私はカヌーで瀬戸内海をクルージングできるという事実を否定してはいない。

当時の瀬戸内海を見てみよう。いまより全国の海面が数メートル、場所によっては一〇メートル近く高かった。今日の考古学および地理学からの結論であるが、関東平野、大阪、岡山、広島、福岡など現在の市街地を形成している沖積平野は古代ではすべて海の底だった。

『常陸国《ひたちのくに》風土記』では、当時の海は利根川中流域の古河《こが》付近まで広がっていたし、『新修広島市史』（広島市役所編）によると、三世紀の広島湾も太田川の上流部にある可《か》部付《べ》近まで海であった。

縄文時代から三世紀ごろまで、私たちの祖先は、手漕ぎの小舟で、これらの海や、海に注ぐ川や潟、内海のへりのごく狭い範囲で活動していたらしい。したがって、いまの東西四〇〇キロメートルの瀬戸内海を航海するのとは違う次元である。問題は、長い旅という点にある。そして、現代とは違う五つの点を、順に指摘していく。

一つめは、船団の船長になって考えると、大勢の乗組員の水と食料をどうするかという問題にたちまち直面する。第1章で述べた兵站輸送である。一人か二人の旅なら、いまはペットボトルの水を積んで、腹が減ればコンビニエンスストアに立ち寄れる。だが、携帯電話とGPS（全地球測位システム）で地図と位置情報がわかる現代のクルージングとはわけが違う。

当時の装備と安全対策を考えてみよう。とくに、水は重要である。接岸すればどこでも水道水があるわけではない。日本海では川がある場所が多いのでカヌーでも進めるが、地中海性気候の雨が降らない瀬戸内海には川が少ない。水先案内人もいない。誤って水のない無人島に着けば、全員がのどの渇きにさいなまれるだろう。毎日、水のある場所に行き着けるわけではないからだ。

カヌーには数日分以上の食料や水は積めない。だから、食料や水を供給する中継点がなければ、二、三日以上の航海はできないのだ。

二つめに、流れの速い瀬戸をコンボイ（船団）を組んで航行するには、優れた漕ぎ手と地元の助けが必要だ。いったんばらばらになると船隊として集めることはできない。その漕ぎ手や地元の助けが、このあと登場する航海神である。その神は三世紀にはいなかった。

三つめは、どうやって一ヵ月以上の食料や水の対価を払ったかである。

ちなみに、十六世紀に書かれたルイス・フロイスの『完訳フロイス日本史1　織田信長篇1』（松田毅一／川崎桃太訳、中公文庫）には、司祭たちが布教の許可を得るため、九州の拠点であった平戸や大分（府内）から、山口を経て都に赴《おもむ》く記録が記されているが、それは瀬戸内海の多くの港をつないでの航海であった。多額の金銭を使った難行苦行であったという記録がある。

彼らの旅を支えたのは、一五三四年に設立されたイエズス会である。日本での布教のために莫大な資金を援助していた。

これは卑弥呼の特使、難升米の魏への航海、神功皇后の九州遠征から約千三百年もあとの乗合船の話である。三世紀、仮に手漕ぎの船団を受け入れてくれる港があったとしても、数十カ所に寄港することになる。多くの港に泊まる対価・宿泊費となる財物を小さな刳り船に積み込めただろうか。そして、誰が援助してくれたのだろうか。

四つめは、図2-1の写真からわかるように、木製の舟は今日のFRP（繊維強化プラスチック）製のカヌーと違って大変重い。大勢は乗れないし、荷物も積めない。難升米は、対馬海峡と朝鮮半島では別の大船に乗り換えたかもしれないが、瀬戸内海はカヌーのような小舟である。

往路では、魏への手みやげである生口《せいこう》（奴隷）一〇人や麻布、復路は魏で受け取った錦や一〇〇枚の鏡などのみやげを、刳り船のどこのスペースに積み込んだというのだろうか。神武東征も同じだが、空想の世界では瀬戸内海は渡れない。

五つめは、汐待ちができなければ最強流の瀬戸（水路）は渡れなかった。瀬戸内海を通行しようとすると、大畠《おおばたけ》瀬戸、来島《くるしま》海峡、備讃瀬戸、明石海峡で、人が漕ぐ速度の数倍の潮流によって船団がばらばらになるのは明らかである。

さらに、岬や島陰の高地性集落の住民から矢を射かけられ、運よく逃げおおせても休息する場所や水、食料を得る場所がなく、兵站輸送を考えないと、最後は飢えと渇きで大勢が犠牲になりかねない。

図2-1　桂見《かつらみ》遺跡（鳥取市）から出土した縄文時代の刳り船

提供）鳥取県埋蔵文化財センター

瀬戸内海のいちばんの難所を説明しよう。そこは芸予諸島の向《むかい》島《しま》、因島《いんのしま》、生口島《いくちじま》、大三島、伯方《はかた》島《じま》、大島と続く、しまなみ海道の島々がつくる幾筋もの小さな瀬戸である。このしまなみ海道の高速道路をあっという間に通るだけでは、この海はわからない。

この瀬戸を体感するには、船に乗ることである。私はこの海を見にいった。山陽新幹線の三原駅で下りて、歩いて約十分、三原港から佐木島《さぎしま》経由で瀬戸田《せとだ》港行きの船に乗った。たまたま大潮のときで、船は盛り上がる水面に翻弄されながら飛び跳ねるように進んで瀬戸田に着いた。流れが速い。

それでは、瀬戸内海の代表的な瀬戸と呼ばれるところの流速を見てみよう。干満差は三メートル以上、時速二〇キロメートルという激しい流れ、数多くの岩礁がある。さらに、一日二回ずつ東西に強い流れがあり、全体としては東に流れている。

具体的には、最強時には関門海峡で九・四ノット(時速一七・四キロメートル)、大畠瀬戸六・七ノット(時速一二・八キロメートル)、来島海峡一〇・三ノット(時速一九・一キロメートル)、備讃瀬戸三・四ノット(時速六・三キロメートル)、明石海峡六・七ノット(時速一二・四キロメートル)、鳴門海峡一〇・五ノット(時速一九・四キロメートル)である(潮流の数値は海上保安庁水路部資料による)。

これらの瀬戸を時速四、五キロメートルでしか進めない手漕ぎの舟で、いきなり航行を始めるには無理がある。だから、航路を開いて、水路を確保する必要がある。

「航路を開く」とはどういうことかというと、港をつくり舟を運ぶことである。

いちばん流れの速い来島海峡に隣接する宮窪瀬戸に、能島《のしま》という小さな島がある。村上水軍の拠点である。その島の周囲の崖には岩を砕き低い段になった場所があるが、そこに無数の孔《あな》があけてある。その孔に杭を立て、漕ぎ寄せて縄を投げ、舟を接岸させたのである。

図2–2　来島海峡急流観潮船

提供）株式会社しまなみ

海峡の流れは非常に速い。今治市から出ている急流観潮船を見よう（図2-2）。この海を、刳り船はおろかどんな手漕ぎ舟でも渡れるはずがない。潮間（潮の引いている時間帯）で船をとめる装置が不可欠である。

江戸時代の尾道や広島の港は、三メートル前後の水位差があるので雁木という階段状の施設を配置していた。大型船、小型の舟を問わず、そのような施設のある港を細かく配置するとともに、時々刻々変わる逆巻く渦潮を見ながら船を渡す技能集団がいる。そこに潮流を利用して進める安全なルートを確保する。これが「航路を開く」ということだ。

「この海をカヌーで越せる」と反論された方のなかには、「当時は港がないので走りやすいはずだ」と言う方もいるかもしれないが、補給や汐待ちのための港がなければ進めない。

●——卑弥呼は宗像海人族の神か

次に、卑弥呼の時代、すなわち三世紀の九州の海を観察してみよう。九州本土から対馬を経て朝鮮半島に行くルートについては第3章で詳述するので、ここでは九州沿岸だけを旅しよう。

かつて邪馬台国論争に一石を投じた宮崎康平氏の『まぼろしの邪馬台国』(講談社)をよく読み返すと、現在の九州北部の平野は海の中にあり、九州北部の海も、呼子、唐津、博多湾から宗像、遠賀川《おんががわ》付近まで内海であった。糸島半島は半島ではなく島で、内海、潮が入る温かい潟があったとしている。

その外海である玄界灘は、現在でも一度荒れると小さな船が難破する恐ろしい海である。九州北部の東西に広がる海岸線は、いちばん外側には現在の博多湾のように砂洲が発達し、内側に潟を形成し、それが東西につながって、荒い玄界灘と隔絶した水域を形成していた。

「魏志」倭人伝には、倭国の海についてこうある。

　今、倭《わ》の水人（注＝海人）好んで沈没して魚蛤《ぎょこう》を捕らえ、文身（注＝いれずみ）するも亦《ま》た以《も》って大魚水禽《すいきん》を厭《おさ》えんとしてなり。

（『倭国伝』藤堂明保／竹田晃／景山輝國訳注、講談社学術文庫。表記は一部変更）

「倭人の漁師たちは、水に潜って魚やハマグリを捕っている。大魚や水禽（水鳥）の害を避けるため、入墨をしていた」という意味である。倭人が年間を通して生きられる豊穣の海があったのである。冬でも飢えることのない漁ができる海が、繁栄の地には不可欠であった。

集団で丸木舟を漕ぎ、少し沖に出て、大魚を銛《もり》で突く、あるいは魚の骨の釣針で地魚を釣るといった舟の漁もあった。このような漁業がこの地の人びとの命を支え、古代の社会を形成したのである。入墨の男が海に潜り銛で大魚をつく話は、まちがいなく奈良盆地でなく九州の海の話だろう。

　卑弥呼の時代の九州倭国の海を旅しよう。関門海峡から西に向かうと、舟はまず洞海湾《どうかいわん》に入り、遠賀川河口の湿地帯に入る。そこから船曳道の赤間を抜けて、不思議な神社を臨む東郷の湖に入る。そして、福間を経て博多湾に入る。

博多湾からは糸島半島を横断する細い水路を経て、唐津付近に着く。一部、外海に出るが、潟湖、河口デルタなど穏やかな海を漕ぐことになる。第3章で詳述するが、唐津から対馬を経て朝鮮半島に渡る拠点、東松浦半島に着く。

福岡県糸島市には、井原鑓溝《いわらやりみぞ》遺跡、平原《ひらばる》遺跡など、弥生後期の鉄の遺跡群がある。この付近の鉄は東松浦半島から糸島半島付近の倭人が朝鮮半島で買いつけたことを示す小規模な鉄遺跡である。カヌーのような手漕ぎ舟で持ち帰ったのだろう。

海だけから見れば、邪馬台国＝九州説に軍配が上がる。宮崎氏は邪馬台国を長崎県島原付近と比定しているが、福岡の中洲、天神などの繁華街、あるいは宗像市の田園地帯かもしれない。

東郷駅からクルマで田園地帯を少し海のほうへ行くと、不思議な神社、宗像大社がある。二〇一七年、ユネスコ（国連教育科学文化機関）によって世界遺産に指定されている。この田園地帯のなかに、『日本書紀』の神々が祀られていることに不思議を感じる。

よく見ると、ここの地形にヒントがある。目の前の風景から古代の地形をとらえなければ神々の姿は見えてこない。

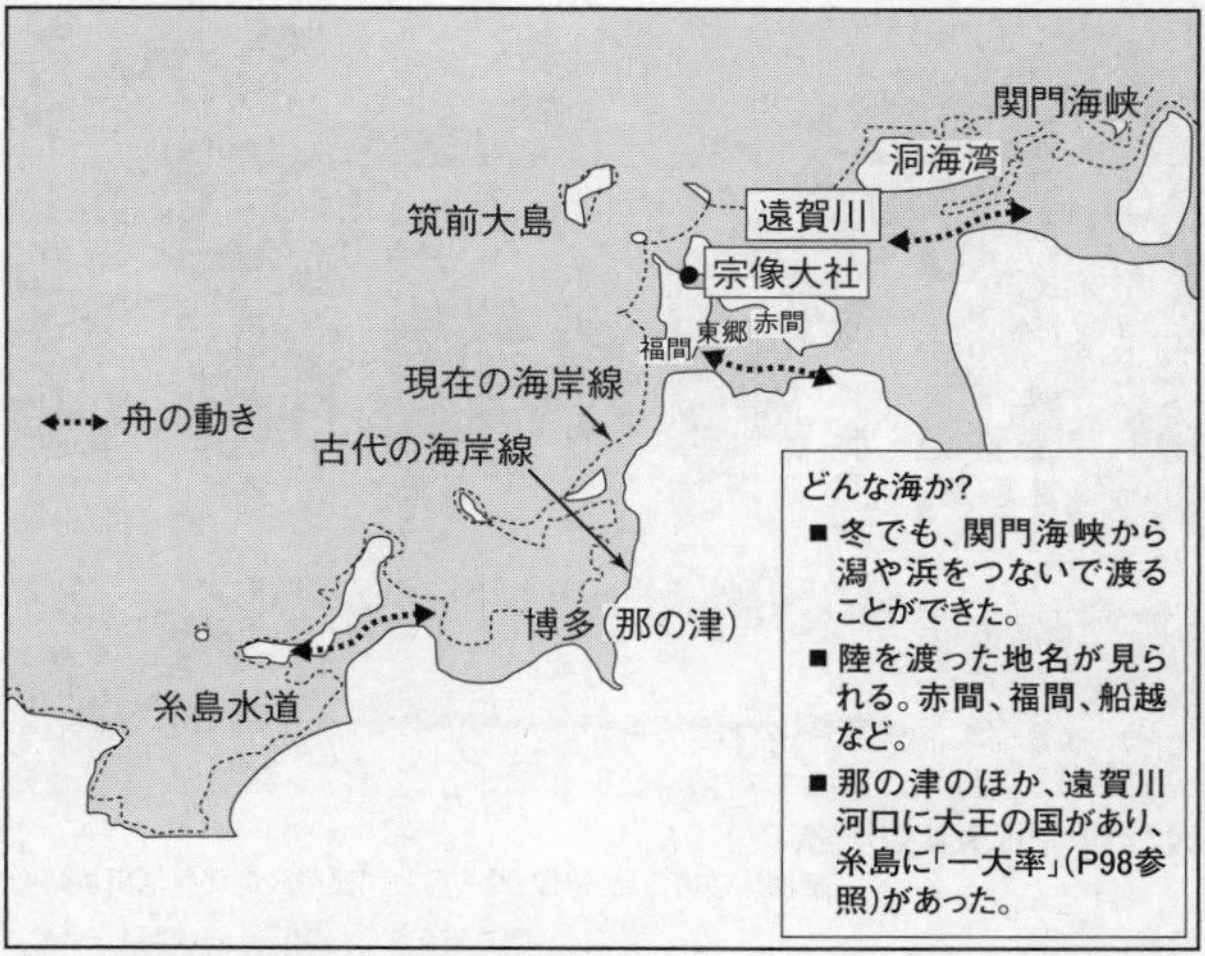
関門海峡
洞海湾
遠賀川
筑前大島
宗像大社
東郷
赤間
福間
現在の海岸線
舟の動き
古代の海岸線
博多(那の津)
糸島水道
どんな海か?
■冬でも、関門海峡から潟や浜をつないで渡ることができた。
■陸を渡った地名が見られる。赤間、福間、船越など。
■那の津のほか、遠賀川河口に大王の国があり、糸島に「一大率」(P98参照)があった。

図2-3　卑弥呼時代の九州倭国の海

一つは、古代、ここ東郷駅の眼前に大きな汽水湖が広がっていた。宗像大社の辺津宮《へつみや》を頂点に、赤間と福間を結ぶ一辺約一〇キロメートルの大きな三角形の汽水湖である。辺津宮の宝物殿の脇を流れる釣川《つりかわ》で海とつながり、一日二回、湖の潮の干満によって流れが起こっていた。

この現象は、ここを通過する舟にエネルギーを与える。辺津宮の場所には湖の周辺から、あるいは外海から潮に乗って人が容易に集まる拠点ができ、自然に大きな市が開かれるようになった。辺津宮は、この地域で古

図2-4　宗像大社辺津宮

提供)「神宿る島」宗像・沖ノ島と関連遺産群保存活用協議会

代の大きな市場、交易センターであったのだ。東郷はその三角形の底辺にあった。

二つめは、朝鮮半島への神々の航路が辺津宮から始まる。沖に漕ぎ出すと、その壮大さがわかる。宗像大社の辺津宮、少し沖の筑前大島にある中津宮、そこから距離にして約五〇キロメートル沖の沖ノ島にある沖津宮を結ぶ交易ルートが、宗像海人族によってつくられていた。辺津宮には市杵島《いちきしま》姫神《ひめのかみ》、中津宮には湍津《たぎつ》姫神《ひめのかみ》、沖津宮には田心《たごり》姫神《ひめのかみ》を祀っている。

この三神を宗像三女神《じょしん》といい、皇家国家守護の神として宗像三神を祀る神社の総本宮として崇敬を集めている。

『日本書紀』は三女神を素戔嗚命《すさのおのみこと》の誓約の重要な場面で神々の系譜に載せている。ただ、私は三世紀半ばの卑弥呼の時代は、数多くの都市国家が生まれた時代で、国家守護という概念は存在せず、八世紀以降につくられた概念だと考える。

沖ノ島の位置をよく見ると、対馬、壱岐、そして宗像からほぼ等距離である。手漕ぎだけの時代、朝鮮半島からの財物は、対馬、壱岐を経由して沖ノ島で取引され、本土に運ばれたと考える。簡単に言えば、財物をもたらす島である。ヤマト王権としては、八世紀になって重要な拠点と考えた。国家守護はそのあとの時代ではなかろうか。

毎年十月一日に行われる宗像大社の秋季大祭の海上神幸《じんこう》「みあれ祭」には、昔の交易の航海の名残がある。その日、数百隻の漁船が港から沖ノ島にいっせいに大漁旗をなびかせて向かう。壮観な祭りである。古老の話では、いまは動力船の場合、二、三時間で着くが、昔は手漕ぎの舟で一日かかったという。

私は、朝鮮半島と壱岐、対馬、九州本土の位置、そして大社と二つの島の交易上の役割を考えた場合、姫巫女、卑弥呼がここにいたかもしれないと考える。だが、宗像大社周辺は当時は潟であった。宮室、楼観、城柵を備えた卑弥呼の館は想像できない。九州説はむずかしいと考える。

もう一つ、ひっかかるのが、ヤマトという呼称である。

●——卑弥呼の特使、難升米の洛陽への航海

邪馬台国について書かれた文献は、「魏志」倭人伝しかないという。その乏しい情報から、多くの推論で議論が行われている。しかし、推論には科学的な根拠がなければならない。

以前、難升米の洛陽への路を書いたところ、「中国での足取りなどわかるわけがない」という書評をいただいた。そこで再度、文献をしっかり説明しながら、ていねいにその道をたどってみよう。

二三八年、卑弥呼の特使、難升米は、帯方郡（現在のソウル）の長官、劉夏に皇帝への拝謁を願い出、劉夏は承諾した。難升米は対馬海峡を渡り、伽耶からソウルに向かっている。その路は倭国への鉄の交易路であるから、陸路でなく海路である。

「魏書」東夷伝・弁辰の条に、「国出鉄　韓濊倭皆従取之　諸市買皆用鉄　如中國用貨　又以供給二郡」（国、鉄を出す、韓、濊、倭みな従いて之を取る。諸の市買《しこ》では中国の銭を用いるように、みな鉄を用いる。また、楽浪、帯方の二郡にも供給している）という記述がある。

つまり、伽耶に鉄の市があったという。いまの金海周辺では鉄をたくさん産し

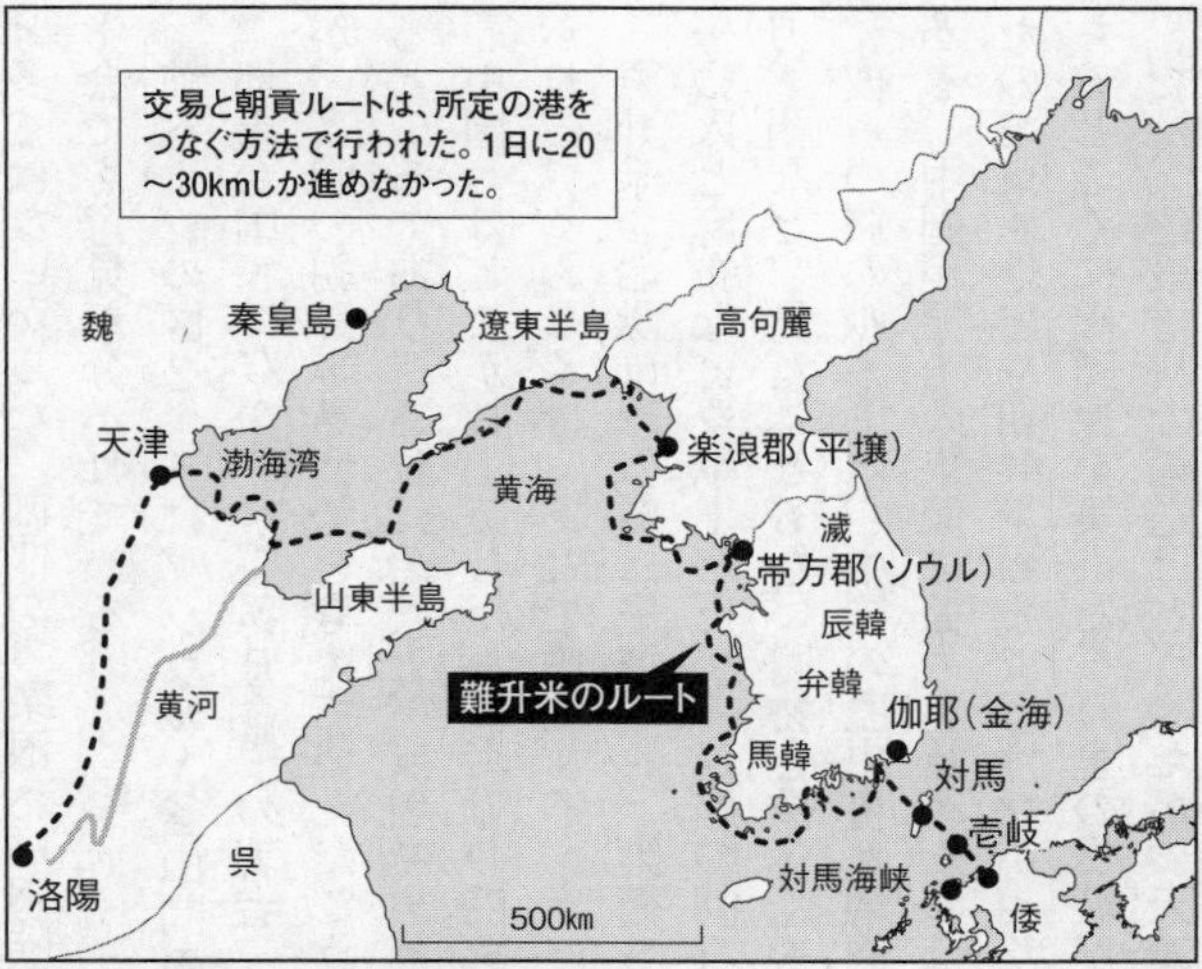

図2-5　卑弥呼時代の中国と朝鮮半島へのルート

た。韓・濊・倭人などが訪れる国際市場で取引された。この市場は、魏の帯方郡の管轄下に置かれた。彼ら外国人は、中国本土の都、洛陽にもときどき朝貢に行ったようだ。

この国で中国に朝貢したのは、難升米がはじめてではない。『漢書』地理志には、「楽浪海中有倭人　分為百余国　以歳時来献見云」（楽浪郡の海の向こうに倭人が住み、一〇〇あまりの国に分かれている。毎年、貢物を持ってあいさつにくるという）と記されている。

これらは全部、同じルートと考えられる。海の中の路はさほど多くはないからだ。伽耶から楽浪へは内陸を通ったか海路かという点については、学会でも意見が分かれている。

前ページの図2-5に、ソウル〜釜山間の新幹線ルートを入れれば陸路になる。『「邪馬台国」はなかった』(朝日文庫)の著者、古田武彦氏はこの陸路を提唱しているが、当時の朝鮮半島情勢を考えていただこう。内陸部は魏ではなく高句麗の支配するところであり、これは治安上、無理であった。

中国へはどこから上陸したか。海岸の港をつなぎ、船で川をさかのぼったと考えられる。くわしくは、あとで説明する。

難升米の船隊は魏の船に先導され、護衛されながら洛陽に向かった。皇帝に生口一〇人と麻布などを献上したが、遠路の朝貢に感激した長官から、錦、毛織物、太刀、絹など、見たこともない贈物を数多くもらっている。

彼らの旅のルートは、中国の歴史書と地図を机の上に置いて、少し勉強すればわかる。中国が領土の東側に拡大を始めたのは秦の始皇帝の時代で、当初は馬で戦ったので東北地方や朝鮮半島まで行けなかった。現在の山海関《さんかいかん》・万里の長城が海に落ちるところに橋頭保を築いた。万里の長城が果てる東の海である。

では、建設材料の輸送はどうしたか。天津《てんしん》に港を築き、山海関まで船で建設資材のみならず兵馬や食料も運んだ。

後を継いだ前漢はどうしたか。西域経由で帆船の技術を得た武帝は、直接、海路で朝鮮半島を攻め、鉄資源があった朝鮮半島で半島の住民を奴隷のようにこき使って鉄をつくり、国に運んだ。ここで大事なのは、「鉄を運ぶのは海路しかない」という認識をもつことだ。数千キロメートルも東北部をまわって馬で運ぶことはできない。朝鮮半島から天津へ運ぶルートはすでに確立していたのである。

魏の曹操《そうそう》は、始皇帝の時代から整備されていた天津港に、黄河から離れた運河をつくった。そこから洛陽まで約六〇〇キロメートル。これはほぼ東京と大阪の距離と同じである。この距離を漕ぎ進むには、普通に漕いでも一カ月程度はかかる。ということは、それだけの数の官の管理する駅（港）が必要になる。

なぜ、曹操の整備した運河について語れるのか。中国政府から直接いただいた資料があるからだ。いまから三十九年ほど前、日中国交正常化十周年のときであったろうか。日本は中国の青島《チンタオ》、上海《シャンハイ》、秦皇島《しんこうとう》、そして連雲港《れんうんこう》の慢性的な貨物渋滞を解消するためのＯＤＡを始めつつあった。

当時、私はその調査の技術指導の一端に携わっていた。日本に恩義を感じた中国交通部は、前運輸大臣、塩川正十郎氏を北京に招いた。私は随行員として末席に侍《はべ》った。北京飯店での宴席のとき、中国三千年の港の歴史と、塩川氏の地元の淀川と大阪港が話題になった。彼の地元は東大阪市である。

その席で私が、

「いま、世界の港湾史に興味があるが、なかなか中国の情報が日本で手に入らない」

と申しあげたところ、当時の葉飛交通部次長（日本でいう運輸副大臣）が、

「明日、参考になる本を差しあげよう」

と言われ、翌日、「交通部長（運輸大臣）の机にあったものだ」と、『天津港史』（李华彬編、人民交通出版社）をくださった（表紙裏に銭永昌交通部長のサインがされていた）。その本のなかに、曹操がつくったという一枚の運河の地図があった。

曹操は北の黄河流域で運河や水路を整備し、広大な農地の灌漑を行いつつ戦った。北方の騎馬民族の烏桓《うがん》遠征時にも平虜と泉州の運河を整備し、船で戦争を行うことで勝ち抜いてきた。邪馬台国からやってきた難升米が、四通八達した運河で都まで上らないわけがない。

ここで、その地図（図2-6）と訳文を紹介しよう。

「東漢（後漢）の時代、群雄割拠でお互いに戦っていたが、やがて曹操が北方を統一した。直接海に注ぐ沽水《グーシユエイ》（現在の北運河）、治水《ジューシユエイ》（別名、漯水《ロアシユエイ》、下流は現在の永定河《ユンディンファ》）、泒《フー》

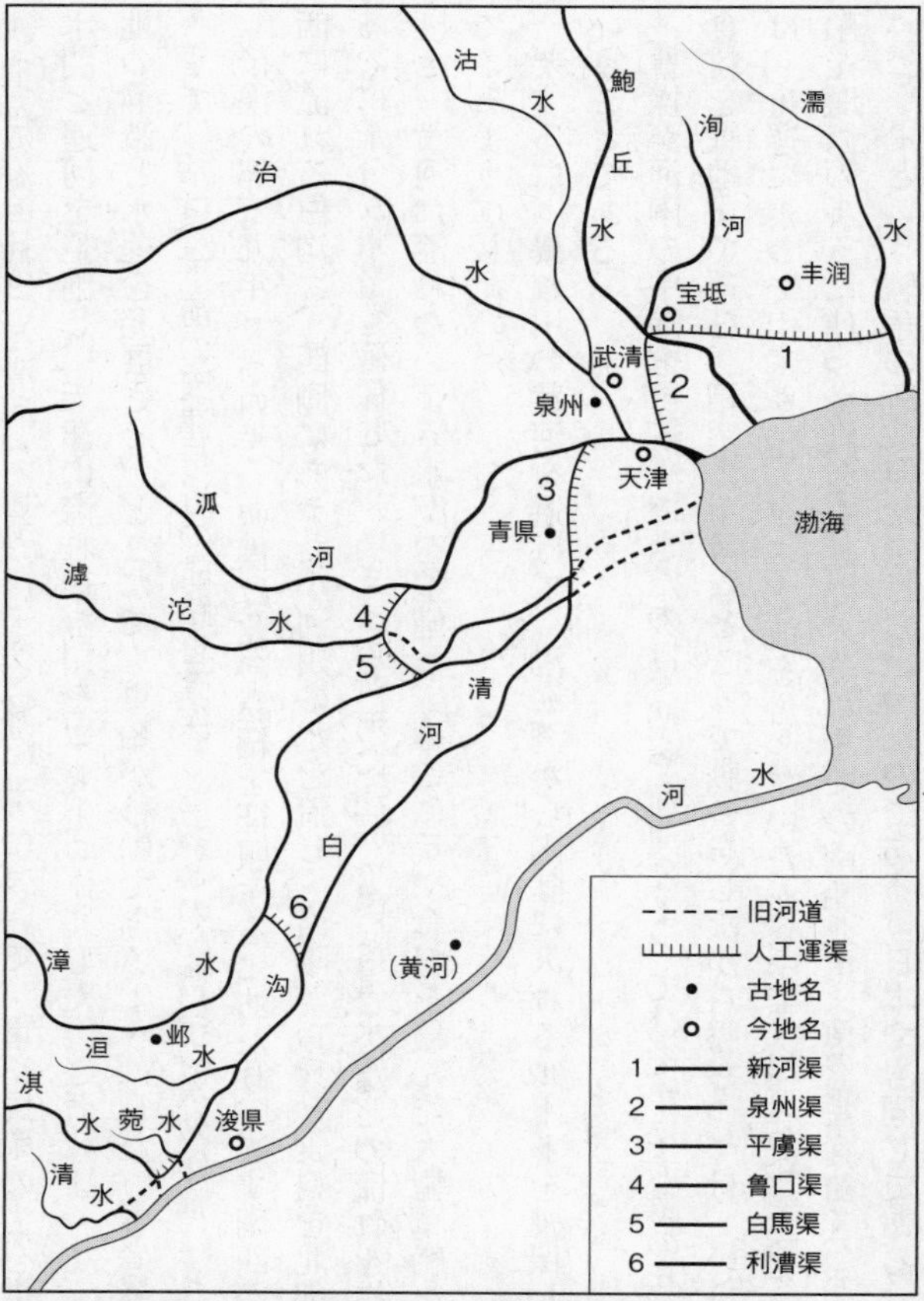

図2-6　三国時代、曹操がつくりあげた華北河川舟運網

出所）李华彬編『天津港史』（人民交通出版社）

河《ファ》（現在の海河日尾《ハイファリーベイ》）と清河《チンファ》（南運河）に注ぐ滹沱水《フートワシユエイ》について、軍や民衆の力を借りて水門と運河を整備し、天津に流れ込む川をコントロールした。これによって、この地の灌漑《かんがい》と水運を発展させ、どこにでも軍船が移動できるようにした」（著者訳）

さて、話は、下流の天津付近の航路を確保したあとの、曹操の次の作戦にもどる。

後漢の建安九年（二〇四年）、曹操は北の袁紹を征服するにあたり、まず南西から北西に流れる白溝《バイゴウ》に、西側にあった小河川の水を流し、洛陽から兵と食料を北部に送るのに十分な水量を確保した。いままで黄河に注いでいた淇水《チーシユエイ》などの流れを白溝に注ぎ、黄河に流れないよう水門を整備し、そこに兵や食料を積んだ大型軍船を投入できるようにしたのだ。

要するに、暴れ川の黄河を避けて、渤海湾から内陸に入れるルートを確保したということである。

曹操が河南の中国を再統一できたのは、船や運河によってひそかに大量の兵と馬、食料を戦地まで運び、相手の手薄なところで戦いをしながら勝ちつづけ、いうなれば、舟運によって中国を統一する才能をもっていたからである。兵站輸送を考え、船を魔術のように使って戦争をした。それまでの南船北馬（南の戦争は船で、北の戦争は騎馬で）という戦争の既成概念を打ち破ったのである。日本でも同じである。海路

（舟運路）をもたなければ国を統一することはできない。

難升米の一行に話をもどそう。二三九年、難升米が天津から入って見たものは、万客行き交う赤瓦や白壁のあまたの港津《こうしん》（船着き場）と、渤海湾で風を受けて漕ぎ進む大型帆船であった。彼は北宋時代に繁栄した清河下流の街、開封（現在の開封市）の近くを通っている。のちに、その都城《とじょう》のにぎわいが有名な「清明上河図《せいめいじょうがず》」となることはよく知られている。

難升米が訪れた時代は、魏の武将が激戦の末、楽浪と帯方の二郡を奪還し、鉄の権益が魏に移ったときである。難升米は、楽浪の産品を運んで清河や白洵を頻繁に走る数多くの商船や軍船を目の当《ま》たりにしたと想像できる。彼は四～五世紀の第十五代応神天皇の時代に日本に登場するであろう大型船を、すでに見ていたのである。

もし、纏向のヤマト王権の女王、卑弥呼の特使が洛陽への長い船旅をしていたとすれば、奈良盆地には、鉄の文化のある、かなり違う風景があったはずである。

●――「魏志」倭人伝の邪馬台国は意外なところにあった

いよいよ、卑弥呼の海の核心部分に入ろう。

「魏志」倭人伝には、次のように記されている。

南して邪馬壱国《やまとこく》に至る。女王の都する所なり。〔投馬国《つまこく》より〕水行すること十日、陸行すること一月なり。

（南に行くと邪馬台国《やまたいこく》に到着する。女王の都のあるところである。投馬国から、船で十日かかる。陸を行くと、ひと月かかる。）

（『倭国伝』藤堂明保／竹田晃／景山輝國訳注、講談社学術文庫）

この文が、長年、邪馬台国の位置をめぐる議論を生んでいる。近畿か、九州か、それともほかか。非常に長い議論が続いている。

邪馬台国については、さまざまな角度から議論され、本が何冊も出ている。厳密に「魏志」倭人伝の行程どおりに素直に距離と方角をたどると、邪馬台国は太平洋のど真ん中に行き着く。ゆえに、江戸時代から読み替えや注釈を入れて議論されてきた。近畿か九州かで議論になっている方位や距離、出土した鏡の真偽などについては議論されつくした感がある。

これに関して、私は、海の路で、空論ではなく実現可能な航海を語ろうと思う。すでに述べてきたように、瀬戸内海を通行するのは無理である。単純な答えであるが、その時代、海路がないからである。近畿説の場合、魏への使者は、日本海か内陸を通ったかのいずれかである。九州説は鉄の経済圏、マーケットの大きさから、答えを求めることは無理と考える。

山陽道はどうか。現在の海岸線上の大きな街は、すべて海の中であった。広島、岡山両県の山陽道はほぼすべて山の中。夏草茂る獣道《けものみち》の坂を上り下りし、河川の渡渉《としょう》も多く、雨露をしのぎ、暖をとる宿もないし、熊や猪も出る。当然、つなぐ馬もいない。

陸行にこだわるなら、山陰道（日本海）しかない。北ツ海と呼ばれた日本海側の海岸線には、第4章で説明する「鉄の路」と「ヒスイの路」という海の路があり、湊《みなと》（泊地《はくち》）が早くから開かれ、宿泊場もあった。船旅のために、大きな宿が一〇〜二〇キロメートルごとに整備されていたからである。その日本海沿岸を一カ月でどこまで旅ができるか。五〇〇〜六〇〇〇キロメートルは歩ける。近畿地方までは可能である。

さらに、水行について考えてみよう。陳寿が話を聞いた場所は、壱岐、対馬あたりであったかと思われる。当時の小舟で、風待ちを含んで対馬、壱岐から宗像大社、洞海湾を経て下関（唐戸《からと》）までかかる日数は約十日である。そこから、たった一つ残った陸路である山陰地方の沿岸を歩いて一カ月、後世において地図上に邪馬台国（ヤマト）と発音する場所に到着する。それは倭（ヤマト）国、丹後である。

邪馬台国は倭国！

大和ではない倭である。

それは意外な国、丹後であった！

結論からいえば、『日本書紀』は丹後との結びつきを語っている。京丹後市の函石《はこいし》浜《はま》から出土する遺構はほかに例を見ない。すなわち、新朝（前漢と後漢のあいだに十五年間だけ存在した王朝）の王莽《おうもう》の貨幣、刀銭、勾玉《まがたま》、日本では出土例が少ない大陸系の硬玉《こうぎょく》など、東アジアと広く交易をしていた証《あかし》がある。

卑弥呼はここにいた！

旅を続けるうちに、丹後の隠された謎がしだいに解けてくる。

第3章

古代より航海神が支配していた対馬海峡

●――世界一厳しい海で生まれた神々

和辻哲郎は、名著『風土』(岩波書店)のなかでこう語っている。

地中海は航海に便なのである。島が多い。港湾が多い。霧などはなくて遠望がきく。七か月ぐらいは好天気がつづき、天体による方位の決定が容易である。

土木学会の栢原英郎《かやはらひでお》元会長も、『日本人の国土観』(ウェイツ)のなかで、次のように語っている。

日本近海は、フランスとスペイン沖のビスケー湾、北太平洋のベーリング海、南米南端のドレーク海峡などとともに、世界的にも荒れる海として知られています。

台風や冬の嵐に遭遇すると、大型の鋼船も流されて遭難するニュースが毎年聞かれる。とくに、東シナ海は海の様相が一変する。

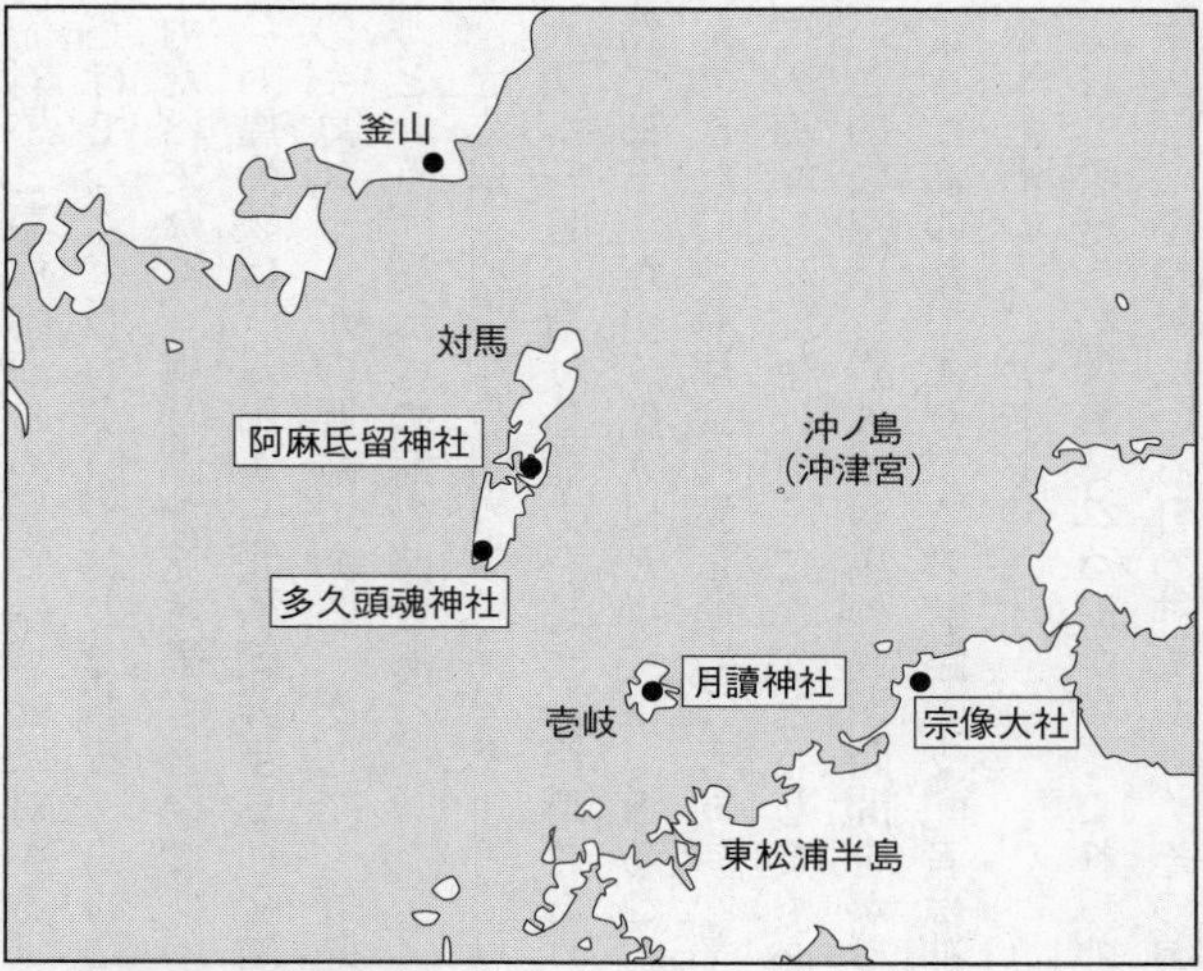

図3-1　対馬海峡の周辺

歴史をふりかえれば、蒙古《もうこ》襲来（元寇《げんこう》）で多くの元の船が沈み、秀吉の朝鮮侵攻、文禄・慶長の役のときも多くの日本船が難破して苦労したという。ここは世界でもむずかしい海なのだ。

以前、ある講演の場で、当時の対馬市長、財部《たからべ》能成《やすなり》氏は瀬戸内海と対馬の漁業をこう評した。

「私が瀬戸内海のある漁協を訪問したときに、『今日は時化で漁は休みだ』と言われた。外を見たら普通の海である。対馬では、こんな状態で休んでいたら漁に出られる日はない」

対馬と瀬戸内海の漁民では、海に対する覚悟の違いがあるようだ。そこには体力だけでなく、胆力がいったのである。つねに天気を読んで海に出る。船を漕ぎぬく力だけでなく、風と潮を見る術《すべ》も必要であった。

対馬海峡は、対馬から北の朝鮮半島の金海、対馬から南の壱岐まで、それぞれ五〇キロメートルの距離である。そして、壱岐から東松浦半島までが二〇キロメートルという、島伝いの海の路である。

さらに、対馬から東方五〇キロメートルに宗像の沖ノ島がある。普通に考えても、人間が一日に漕げる能力を超えた距離であり、しかも突然、牙をむく恐ろしい海の路である。だが、船人にとっては、渡ることができれば多くの富と名誉を得ることができた。国際社会に歩を進めてまもないヤマト王権（七世紀末の大和朝廷）にとって、この海峡を支配下に置くことがどうしても必要だった。

この航路は、壱岐、対馬の民が時間をかけて、紀元前のはるか昔からつくりあげてきた海の路であり、この航路の支配者は神――航海の神、すなわち特殊な技能をもった海の人びとであった。

『日本書紀』が編纂される前から、これらの神々は島にいた。天照大神《あまてらすおおみかみ》は対馬の中央部の小船越にいる日の神であり、その弟、月の神は壱岐の中央にある月讀《つきよみ》神社

図3-2　月讀神社
提供）一般社団法人長崎県観光連盟

にいる神である。神武天皇に結びつく高皇産霊尊《たかみむすびのみこと》、豊玉《とよたま》姫、海神《わだつみ》、天忍《あめのおし》穂耳尊《ほみみのみこと》も対馬にいた。

日の神と月の神は、すでに朝廷から倭《やまと》に領地（田圃）もいただいていたという。そして、沖ノ島にある宗像大社の沖津宮には田心姫神《たごりひめのかみ》を祀る。これらの神は航海神といって航海を助ける神々であり、それぞれの地を栄えさせる神であった。

『日本書紀』がこれらの神々を航海神にした理由は三つある。

一つめは、日本人には八世紀、神道が確立する前から海洋民族として海を渡るという宿命があった。海の自然を尊敬し、畏怖《いふ》するとともに、人びとが連帯し、助け合う精神がいつしか醸成されたと考える。

前に述べたが、『日本書紀』は、繁栄の地であった神々の歴史をヤマト王権と融和させ、日本人を統合するために一冊の歴史書としてまとめられたものと考える。そのとき、航海神に高い地位を与えたのだろう。

しかし、これらの拠点の島の航海神に最高位を与えるいっぽうで、架空の不思議な神、素戔嗚命を入れて混乱させている。神功皇后の遠征などでヤマト王権ゆかりの地をつくり、地方の神々の融和だけでなく、同時に支配を図った。ヤマト王権は交易の利権を得るもくろみがあったからである。

二つめは、強大国である唐や新羅《しらぎ》に対する国家主権の主張である。白村江《はくそんこう》の戦いに敗れたあと、郭務悰《かくむそう》率いる二〇〇〇人の軍隊によって西日本の港を一年近く占領された。こんな悪夢のような事件が二度と起こらないよう、国家としての主権と尊厳を示すことに力が注がれた。

『日本書紀』が編纂されたときは唐との関係はすでに修復されていたが、日本の港は唐津、唐泊《からとまり》など重要な拠点はその後も彼ら戦勝国の居留地になっていた。ヤマト王権はこの反省から、将来に向けて重要な港については、古代から朝廷の主権下にあったと主張したかったのではないだろうか。

そのため、日本全土で、まず主権を主張すべき八つの交易の枢要地を大八洲としたのである。異伝はあるが、この八つを現代の地名で書けば、淡路島、大和、四国伊予、九州博多、隠岐と佐渡の双子の島、周防《すおう》大島、岡山の児島、そして八つめに、泡の島とされた対馬と壱岐の双子の島が入る。現在の文献学の世界では、神代の「大和」を本州と定義しているようだ。だが、私は、『日本書紀』の編者は奈良盆地と考えていたと考える。なぜなら、はるかあとの、三世紀の「ヤマト」と発音する邪馬台国を奈良盆地の大和と考えているからである。

当時は国土の広がりや面積は意味がなく、交易の拠点を支配することが最重要課題であった。対馬と壱岐だけでなく戦略上の拠点に神々が住むと設定することで、居留地をつくろうとする外国人に畏怖の念を抱かせた。航海神がいるところを、冒してはならない神聖な場所として海外に布告したのである。

三つめは、第9章で詳述するが、瀬戸内海の神武東征を国家の一大イベントとし、磐余《いわれ》（現在の奈良県桜井市南部）で建国するために、壱岐・対馬で誕生した皇室直系の火《ほ》明命《あかりのみこと》と火《ほ》遠理命《おりのみこと》などの日本海の歴史を隠したのである。

私は五年前、対馬と壱岐を訪れ、神世の神社をはじめて見た。そこには『日本書紀』の描いている騒々しい物語とは違う、穏やかで品格がある古代の世界があった。

●――対馬海峡を渡る知恵、潮と風を読む

まず、鉄を求めて多くの倭人がたどった海路を、本土側から航海してみよう。この航路については、角川書店（現在はＫＡＤＯＫＡＷＡ）の「野性号」、島根県の同好会「からむし会」の丸木舟などが、対馬海峡を渡る実験航海に挑戦してきた。どのコースを選んだかの詳細は不明だが、いまだ成功した例はない。

その理由は、潮流と出発地にある。おそらく福岡―壱岐―対馬―釜山という航路設定で失敗した（逆も同じ）と考える。潮の流れを読まず、まちがった地点から渡ったのである。古代、福岡や釜山からは出発していない（注＝野性号は正確には仁川―釜山―対馬―壱岐―博多という逆コースを選んだが、失敗したことには変わりない）。

『日本書紀』によると、神功皇后は東松浦半島を経て対馬に渡っている。神功皇后がなぜ、東松浦半島から対馬に渡ったのかといえば、この半島の先端付近から壱岐の方向に速い潮流がつねに流れており、簡単に壱岐や対馬に行けるからだ。

また、「魏志」倭人伝によると、糸島半島の伊都国に「一大率《いちだいそつ》」がある。これは帯方郡の使者がとどまる場所とか、諸国検察の場所など、いろいろ解釈されているが、その位置から、水軍が駐留する軍政部（現在の海上警察、海上保安庁警備救難部といった組

織）があったと考える。有事には、風向きにかかわらず潮に乗って漕ぎぬけば壱岐まで、少し舵を西に切れば対馬まで、いちばん短時間で行ける交易上の重要拠点であった。

さらに、一五九二～九八年の秀吉の文禄・慶長の役、朝鮮侵攻の際の基地、名護屋城も同じ東松浦半島にあり、この潮の流れを利用して大艦隊で朝鮮に出兵したのである。

『日本書紀』は神功皇后というモデルを使って、九州のよい潮がある港を次々とヤマト王権に縁のある港にしてしまった。だが、神功皇后の旅行記は、海路から見れば、七世紀末の帆船時代の物語であり、三、四世紀の手漕ぎの舟の時代ではない。これで創作ということが伺える。

たとえば、対馬の鰐浦《わにうら》である。神功皇后は鰐浦から朝鮮半島へ遠征したことになっているが、これは五世紀以降、帆船時代になってからの出港地である。その場所は釜山までフェリーが出ている比田勝《ひたかつ》港の隣で、半島にもっとも近い。神功皇后の時代の手漕ぎの舟で鰐浦から漕ぎ出すと、潮に流されて釜山の先を通りすぎ、日本海に漂流してしまう。鰐浦は帆船時代になってからの要衝と思われる。

では、手漕ぎの時代はどうしたか。前出の『対馬国志』には、潮と風をつかむと

いくつかの工夫で対馬海峡を渡れるという漁師の記憶や実験航海の記録が書かれている。たとえば、朝鮮に渡る航路については、

「(西海岸の)伊奈崎と棹崎からがポイントだ」

「早朝、仁田湾から吹き出す風に乗れば、たちまち海峡の中程まで達する」

などの話があったという。

すなわち、釜山に近い比田勝港ではなく、そこから西へ約一〇〜二〇キロメートルほど離れた西海岸から、東風が吹く日、釜山がある北の方向ではなく、真西の東シナ海の方向に、朝漕ぎ出すと、潮と風が自然に舳先《へさき》を北に向け、放物線を描くように朝鮮半島の海岸に運んでくれ、昼ごろに釜山に着くという。さらに、船についても重い松材でつくった舟より、軽い杉材やいかだがよいとしている。

昔は潮の流れと風を読んで、船を工夫してうまく渡ったのである。ただ、やがて大船で帆走する時代になり、東海岸を選ぶようになったと考えられる。江戸時代の朝鮮通信使がそのルートになる。

朝鮮半島から日本に帰る場合は、釜山の西側にある金海、勒島付近から東風を受

けて出航すれば、半日で対馬の西海岸に潮が運んでくれる。場所によっていろいろ渡り方に工夫がある。対馬から本土への航海については、潮が運んでくれ、壱岐、沖ノ島を経由する多くの道があった。

●――天照大神が生まれた対馬の「神の門」、小船越

その場所は、対馬空港から国道382号を南下し、厳原《いづはら》へ行く途中にあった。小さな看板に小船越とある。古代の船が越えた船曳道だ。東シナ海と日本海を結ぶ、神の造化というべき不思議な切り通し、地峡である。

気をつけていないと通りすぎてしまうような場所だが、対馬の最南端、多久頭魂《たくずだま》神社の宮司の縁戚にあたる本石聡氏が案内してくれたのでわかった。この地峡は、風の神、汐の神のなせる技で、古代の対馬海峡を越えるのにはなくてはならない場所であった。

対馬を南北アメリカ大陸にたとえれば、このくびれの部分はパナマ地峡のような場所である。パナマ運河は、太平洋から大西洋に抜けるとき（逆もある）、船がぐるりとマゼラン海峡やドレーク海峡をまわらなくてもいいように一九一四年に完成した。

対馬は八〇キロメートルの長さで、幅は平均して一〇キロメートル、その中央部

にあるこの地峡は、およそ一四〇メートルしかない、もっともくびれた場所だ。東は日本海、玄界灘、西は浅茅湾《あそうわん》から東シナ海につながる水路である。そこに東シナ海と日本海をつなぐ船曳道があった。

現代の地図を事前に見ていれば、驚きはしないだろう。だが、対馬海峡を渡り、やっと対馬にたどり着いた使節団、日本に入国しようとする唐人にとって、ここは驚愕の「神の門」であった。

朝鮮半島から帰ってきた官人は輿《こし》に乗せられ、歓迎のお囃子《はやし》が鳴るなか、小船越を渡って眼前に広がる日本海を見たと思われる。彼らはこの地を見たとき、将来のヤマト王権にとってもっとも重要な拠点であると再認識したにちがいない。

小船越の北の山の斜面に、小さな古ぼけた神社がある。本石氏はこう言う。

「これが天照大神の生まれた神社です」

日の神を祀る阿麻氏留《あまてる》神社、天照大神が生まれた神社である。

本石氏は、現在、名古屋近郊に住んでいるが、古代対馬の特別な民、亀卜の民の末裔《まつえい》である。亀卜の民とはどんな人びとか。それはあとで説明するとして、先に天照大神の話を進めよう。

遣唐使は、対馬の美津島から本土に向かう際、必ず朝日の出るときに出航した。

図3-3　天照大神が生まれたという阿麻氐留神社

提供)一般社団法人対馬観光物産協会

なぜなら、天候の悪いときは、この神社に待機して船を出さないからだ。航海のときは、朝日が上ってくると日の神を崇めて、漕ぎはじめる。壱岐まで五〇キロメートルを漕ぎ進むには、日の出とともに出航せざるをえない。そうすれば、壱岐には夕刻か夜に着く。

天照大神の御加護で出航のときを待ち、休息をする。接待を受けながら魚釣りをする。竜宮伝説や海彦・山彦の伝説は、ここ対馬が発祥の地である。

ちなみに、日本という国名は、唐の時代、天武天皇の時代に認定された、いわゆる「日出ずる国」である。では、どこから日が出るというのか。太平洋、瀬戸内海ではない。日本海、対馬からの日の出であると考える。

阿麻氏留神社の眼前の海から日の出を見た。その海は日本海である。すなわち、『日本書紀』が編纂された八世紀の時代には、日本海は中国や韓国から見たたんなる「東の海」ではなく、すでに「日本の海」として大唐国から認知されていたのである。日本の海を照らす阿麻氏留神（天照大神）をヤマト王権の主祭神とし、中央に遷座させたのは当然のことと考える。だが、天照大神が東に向かい遷座したのは、最初から中央の伊勢神宮ではない。この国の王がいた、倭国《やまと》と呼ばれた丹後である。王とはだれか。航海を続けるとわかる。

国防上重要な対馬と壱岐については、神による防御を考えたのである。この島が「守らなければならない国土」であることは、その後の歴史も証明している。鎌倉時代の蒙古襲来の折、この二つの島では多くの島民が虐殺された。壱岐では島民がほぼ全滅したといわれている。

さらに、幕末には、対馬はロシアに一時占領され、島民は長いあいだ乱暴狼藉を受けた。ロシアの軍艦に占拠されたポサドニック号事件である。島の中央、浅茅湾の芋崎がこの軍艦に占拠され、軍港が建設されはじめた。幕府だけでは対応できず、イギリス公使ラザフォード・オールコックが仲介に入り、外交的な解決を図って立ち退かせた歴史がある。つねに、この神の島への侵略が行われてきたのである。

●——最高位の神が住む対馬の南端、豆酘崎

阿麻氏留神社から海岸伝いに厳原を経由し、南下すると最南端の豆酘崎《つつざき》に着く。そこには多久頭魂神社という古い神社がある。

ここで、第2章で述べた神功皇后の東松浦半島から朝鮮半島への航海を思い出していただこう。東松浦半島からたえず強い潮が対島の方向に流れ、そこから漕ぎ出せば、すぐに豆酘崎に着く。また、豆酘崎からは壱岐へ行くにも比較的楽であった。

本石氏がここで代々宮司をされ、亀卜の民といわれている人びとの末裔であることはすでに述べた。亀卜とは、第1章で説明したように、航海安全のため亀の甲を焼いて天候を占う儀式である。亀卜の民とは、それを行う民を指す。令和元年、天皇陛下の即位の儀の最後を飾る大嘗祭《だいじょうさい》の神事には、ここ豆酘の亀卜の民の秘儀がとり行われている。

この地は、『日本書紀』の国生みに出てくる渡しの神が住むところである。その神とは、伊弉諾《いざなぎ》、伊弉冉《いざなみ》とは違った系列の天地創造の神、高皇産霊尊である。現在の皇室に結びつく、古代の最高の渡しの神である。くりかえしになるが、この神はむ

図3-4　多久頭魂神社

提供）一般社団法人対馬観光物産協会

ずかしい海を渡るのを助ける神である。渡航のいちばんの難所であったが、難所ゆえに繁栄の地であった。「海路の日和」を待たなければ渡れない場所で、船宿がたくさんあった。

多久頭魂神社の参道には、三、四坪ほどの祠《ほこら》が数多くある。神社ではこれを神が住む家、神住居《かみずまい》神社といった。いままでも述べてきたが、当時の船乗りは宝をもってくる神様であった。祠の語源は宝蔵がなまったものである。本土の東松浦半島からやってくる船団もいた。そこには必然的に市が立った。この神社には、古代の渡しの神の旅人宿や市場の姿がそのまま残されているのである。

　ここ豆酘から本土は遠いため、壱岐や沖ノ島を経由して本土に船を進めたと考えられる。私は、神社の少し先にある最南端の豆酘崎に足を運んだ。鹿児島県大隅半島の佐多岬、静岡県伊豆半島先端の石廊崎、高知県の室戸岬と同じように、岬の直下を潮流が渦を巻いて西から東に流れ、岩を嚙《か》んでいる。その風景は、まことに壮観である。

　壱岐まで約六〇キロメートル、唐津、平戸まで約九〇キロメートル、海原が見えるだけで本土は見えない。渡海の厳しさを実感した。運が悪いと、気まぐれな風と潮に逆らって船を進めなければならないのが宿命であった。北路をとっていた遣唐使も、彼らに命を託したのである。

　では、命がけの航海でどこに向かったのか。地形と海流から考えて、豆酘からどこへ航海したのか。いちばん楽な航海は、潮に乗っていける、沖津宮に田心姫神のいる沖ノ島であったと思われる。

　対馬、壱岐、そして沖ノ島がつくる「海の三角形」は、四世紀までは航海神のみがつくる交易路であった。古田武彦氏がいう「九州王朝」のハートランドである。潮の流れから、半島からの財物が集まるのは沖ノ島であり、ここに宗像大社がある理由がそこにある。

やがて、数日間続けて夜間帆走できる大型船が登場すると、まず沖ノ島の役割がなくなったが、小船越や豆酘はその後も繁栄を続けたと考えられる。

●——壱岐は古代日本海における交易の中心地だった

壱岐は、『日本書紀』では月讀神《つくよむのかみ》がいる島とされている。伊勢神宮にある月讀神もここから移された。そして、天の岩戸伝説がある。

壱岐は南北一七キロメートル、東西一四キロメートルと、対馬にくらべてはるかに小さい島である。佐賀県北端部の東松浦半島から二〇キロメートル、対馬南端まで六〇キロメートル。日本本土に漕ぎ渡るのはむずかしくないし、世界遺産の沖ノ島にも近く、対馬海流に乗れば出雲にも数日で着ける。どこからも便利な場所で、商人が多かったという。

玄界灘は荒れる。冬だけでなく、低気圧が通過すればいつでも荒れる。荒れると、長いあいだ航海ができない。それにもかかわらず、玄界灘の真ん中の壱岐には商人が多いという。

なぜか。じつは、荒れても工夫して船が出せたからである。地形を見ると、島の真ん中に東西に二本の深い断層帯がある。そこが運河・船曳道になって船は移動した。港が両側にあるので、風を読んでどちらからも出航できた。

その水路に挟まれた微高地に集落と遺跡・神社がたくさん集まった。壱岐一宮《いちのみや》の天手長男《あめのたながお》神社と興《こう》神社、原の辻遺跡、双六《そうろく》古墳、月讀神社、カラカミ遺跡、百合《ゆり》畑《はた》古墳群などである。

冬場や荒天時でも島内を物資が移動する。そこに神社ができ、必然的に市も多く立った。結果として、この島には『ギネスブック』に挑戦できる一〇〇〇近い神社が誕生することになった。ここの遺跡から出た鉄器は、平和な鍬、鋤など農耕用のものが多かった。

もう一つ、重要なことは、壱岐は平地が多く米が獲れた。その米が朝鮮半島との重要な交易物資となったといわれている。運河と肥沃《ひよく》な大地、この二つがこの島に商人をたくさん生んだ理由であると考える。

私は、『日本書紀』の出発の島、対馬では、その穏やかな浅茅湾に海神と豊玉姫が住み、海幸彦、山幸彦の伝説があり、壱岐ではさらに平和な天の岩戸の伝説があったと考えている。

この平和な島の人びとは、天の岩戸のような宴をいまなお続けている。毎年、歴代の壱岐市長が先頭に立って、島から出た人びとと全国各地で心温まる交流会、壱岐の会を開いている。昔の商人の交流の名残であろう。この会は、日本海の天孫降臨が心温かい人びとの交流（交易）につながっていたというヒントを与えてくれるのである。

天照大神が天の岩戸に籠もる原因となった無頼の徒、素戔嗚命の登場は、本来の心温まる交易の島の物語にはなかった。『日本書紀』が、この島の伝説を意図的に騒がしい物語にしたと考えられる。

●——航海からわかった月讀神と天の岩戸

壱岐には一支国《いきこく》博物館という立派な博物館があり、そこに名物館長の須藤正人氏がいる。須藤館長は、司馬遼太郎が前出『街道をゆく』で書いた須藤青年その人である。

私は、この『街道をゆく』のなかで司馬が記した「烽《とぶひ》（狼火《のろし》台）」に疑問があったので、須藤館長に質問をぶつけた。私の疑問について理解していただけるよう、同書より少しくわしく引用しよう。

六六三年八月に日本の水軍が、南朝鮮の錦江《クムガン》の河口（白村江《ペクチョンガン》）で新羅《シルラ》と唐の連合軍とたたかい、大敗を喫した（略）。

（中略）

敗戦の翌年に、対馬、壱岐、筑紫などに防人が置かれ、また敵の水軍が来襲する場合、いちはやく大宰府《だざいふ》に急報するために烽《とぶひ》（狼火《のろし》台）が置かれた。

烽は、飛火のことである。

（中略）玄界灘の沖に外国船が見え、それが使節船である場合は一炬《いっこ》（注＝一つのかがり火）をあげた。敵がきたと判断した場合は二炬、二百隻以上の大船団だと三炬あげた。

この火（または煙）は大宰府まで逓伝《ていでん》され、瀬戸内海岸をつぎつぎ火があがって（中略）最後にいまの奈良公園の一部の飛火野《とびひの》にいたる。

司馬は、対馬から大和に狼煙が届くさまを、このように描いている。だが、私の経験では、日本の海と空は、晴れていても靄《もや》がかかって、せいぜい一〇キロメートル、それ以上の目視はむずかしいのではないかと考えていた。

飛行機の窓からの景色を例にとろう。羽田を出て飛行機が巡航速度に達したとき、往航と復航で違うが、高度は約一万メートルである。そこから地上を眺めると、小さなものは見えるものではない。昔は空気が澄んでいたので見えたかもしれないが、その距離では点のような光である。

ましてや東松浦半島まで二〇キロメートル、太宰府までは五〇キロメートルある。通常の狼煙は二、三キロメートルのリレーであるから、狼煙伝達では届かないだろう。この「烽」の疑問について、当時、司馬を案内した須藤館長にぶつけてみた。

須藤館長は質問には答えず、

「この図がよくわからないんだ」

と棚から一冊の本を取り出し、地元の人が調べたという壱岐の烽の位置がある図面を見せてくれた。島全体で二三カ所も烽があるという。図面を見ると、ヒトデのような触手の島の岬の先端すべてにある。なぜ、先端にあるのかわからないという。

私はすぐに、

「烽は戦争、有事のためだけにあるわけではない。これは交易のための灯火である。すべて岬の先端にあるのは、舟の常夜灯の役目である。対馬や九州から朝出航した舟は、三〇〜五〇キロメートルの海を十時間以上かけて漕ぎつづける。途中、悪天候になり、潮や風で流され、到着が夕刻か夜中になるときもある。仲間である舟を遭難させないよう、島に導くための灯火を岬の鼻に配したのではないか」

と説明した。そして、

「潮や風に流されても島のどこかに着けるように、島に港は五つ、烽はすべての岬の先端二三カ所にあったのでは」

と申しあげると、須藤館長はしばらく無言のあと、こう叫んだ。

「それでやっとわかったー」

大きな声であったため、私は、随行してくれた亀卜の民の末裔、本石氏と思わず顔を見合わせた。烽は、船に対する常夜灯（灯台）であったのだ。壱岐はどちらから船がきても迎え入れる優しい島であった。

対馬から壱岐への航海の絶対的条件として、天気がよく、西風が吹く日に出航することをあげた。六〇キロメートルを漕ぎぬくのだから、対馬を早朝に出航しても、到着は夕刻か夜中になる。出航のときは、必ず朝日が出る阿麻氐留の太陽神が送ってくれる。壱岐に着くのは必ず夜であり、月の神が迎える。遅くなっても必ず着けるように、島全体に松明《たいまつ》を灯したと考えられる。火明りとは島中に張りめぐらした松明である。

『日本書紀』では、月讀神が出雲の食物神を殺したので天照大神が怒り、絶対に会うことのない夜の神にしたという。航海の船は夜にしか着かない。必ず夕刻か夜中に着くことから港で夜通し酒を飲み、どんちゃん騒ぎを夜じゅう行う。そこに素戔鳴命を登場させ、「天の岩戸」伝説を加えたと考える。火明りの島に対する改竄《かいざん》である。

私はふと、丹後の始祖、火明命を思い出した。丹後王国の祖である火明命は西から海を渡ってやってきた。皇室の祖先であるという。火明命は、ここ壱岐から丹後まで日本海を支配していた神と考えれば得心がいく。『日本書紀』は日本海の伝承をかなりゆがめ、壱岐の火明命伝承を消し去ろうとする意図があるのでは、と思えてくる。

古代丹波史の研究家、伴とし子氏は、私に次のように語った。

「瀬戸内海を渡った神武天皇は、のちの作り話で、日本海こそが天皇が降臨してきた道である」

旅を続ければ、瀬戸内海と日本海のどちらが正しいか、おわかりいただけると思う。

ここで四つのキーワード、すなわち、対馬の亀卜の秘儀、天照大神と伊勢神宮、壱岐の月讀神のもてなし、そして狼煙と火明命の伝承が、壱岐・対馬から丹後、伊勢湾までの古代のこの国の皇室のつながりを暗示している。

すなわち、天孫降臨の流れが日本海の海路に見えてくるのである。

第4章
五世紀、倭の五王が支配していた出雲と吉備

●——出雲と吉備はヤマトより繁栄していた

『日本書紀』で素戔嗚命や国譲り神話によってヤマト王権の支配下になる出雲、吉《き》備《び》氏の乱で雄略天皇に征服される吉備は、かなり大きな国であったと考える。この二つの国は、古墳時代からヤマトと呼ばれる近畿より繁栄していたと考える。面積の比較ではなく、出雲、吉備のほうが大陸文化をより早く取り入れることができたからである。

遺跡などから近畿地方と比較しながら、出雲と吉備、出雲にかかわる伯耆《ほうき》を見てみよう。

まず、日本海側の出雲は、島根半島がかぶさる島根県出雲市、雲南市、松江市、安来市、鳥取県米子市、境港市を経て美保湾を臨む大山町《だいせんちょう》まで、大阪湾岸より長い約七〇キロメートルの古宍道湖を中心とする水路で結ばれていると考える。

一方、吉備は紀元前から中世まで、岡山から倉敷にかけての岡山平野を中心とする国であるが、古代は海の底であった。すなわち、現在の吉井川、百間川《ひやつけんがわ》、旭川、そして少し離れて高梁川が流れ込む大きなデルタ地帯で、現在の山陽新幹線の北

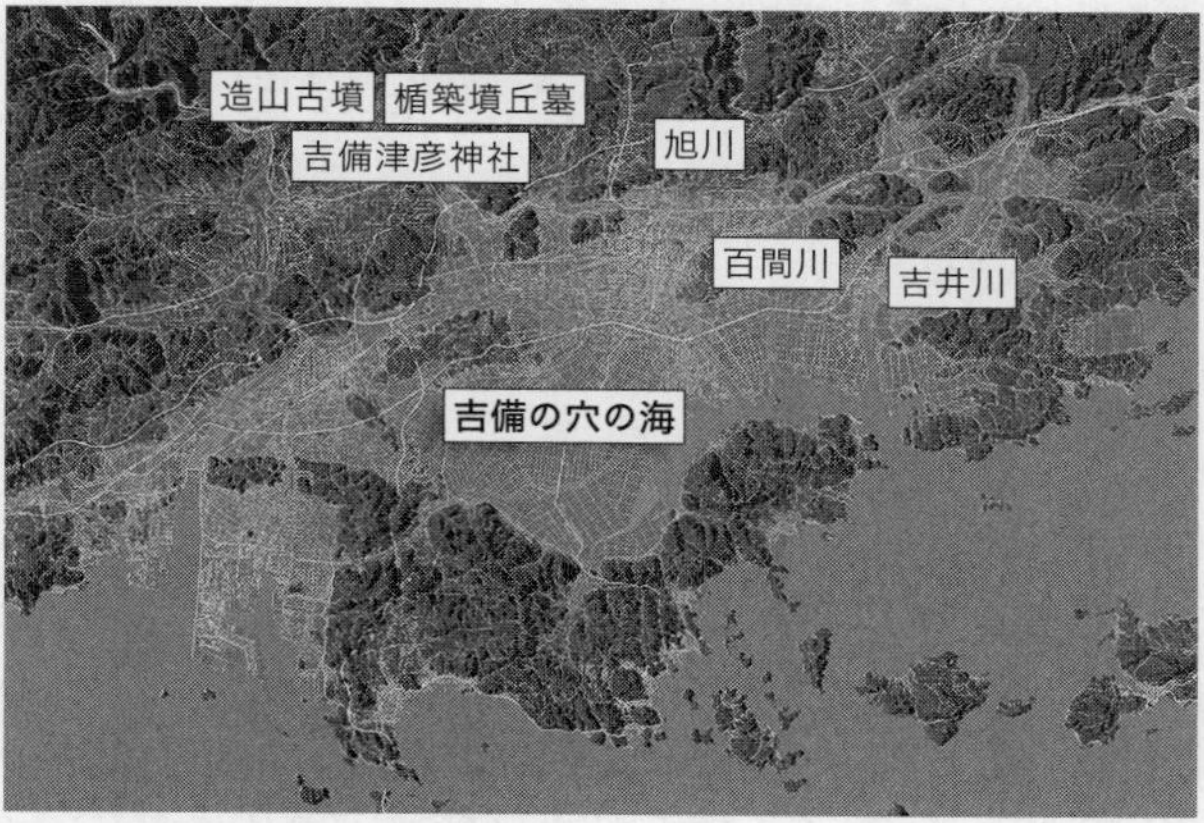

図4-1　古代の吉備の穴の海

作成)株式会社フジタ地質(カシミール3D使用<http//www.kashmir3d.com>)
出所)国土地理院発行数値地図(一部改変)

側、総社《そうじゃ》市の作山《つくりやま》古墳、こうもり塚古墳、岡山市の造山《つくりやま》古墳、都《と》月坂《つきざか》古墳、瀬戸内市の築山《つきやま》古墳など、二〇以上の古墳をつなぐ線が海岸線を形成している。これは、古代人が瀬戸内海を旅した海路であると考えられる。

その距離は、神戸市三ノ宮から関西空港(泉佐野市)までの大阪湾岸に相当する約七〇キロメートルある。瀬戸内海の難波津《なにわのつ》から穴門(下関)までのおよそ四〇〇キロメートルの航海のかなりを占め、その海岸線が囲む中心の海は、当時、穴の海と呼ばれ、四世紀には瀬戸内海航路の要になっていた。

これから注意深く、出雲と吉備の二つの海を旅しよう。

まず、出雲の海に漕ぎ出そう。近年の神話の研究と考古学調査によって、古代の出雲が強国であったことが証明されつつある。その力の源は、日本海の交易である。

地形から見て、出雲は、出雲大社から中海を経て境水道につながる、万船行き交う港湾都市であった。出雲の西側を見ると、出雲市駅から北へ一〇キロメートルの地に出雲大社があり、駅の近くに出雲弥生の森博物館がある。そこに四隅突出型墳丘墓という珍しいタイプの西谷《にしだに》墳墓群がある。この付近が、『日本書紀』で西の神門といわれる地である。

この博物館のエントランスホールには、神戸川《かんどがわ》、斐伊川《ひいがわ》が押し出す土砂でしだいに古宍道湖への水路が埋まっていく様子がわかる巨大な地図が描かれている。細い水路で東のほうの米子につながっている。西谷墳墓群の前は海が出雲大社まで広がっていたと考える。

これから見ると、現在は神戸川、斐伊川が押し出す土砂で埋まっているが、昔は西側に神門水海《かんどみずうみ》があって、古宍道湖を経由して現在の美保湾とつながっている。出雲市から美保湾までのこの七〇キロメートルの水路は、多民族が入り交じって住んでおり、舟運で栄えた国ということが古墳の分布からうかがえる。

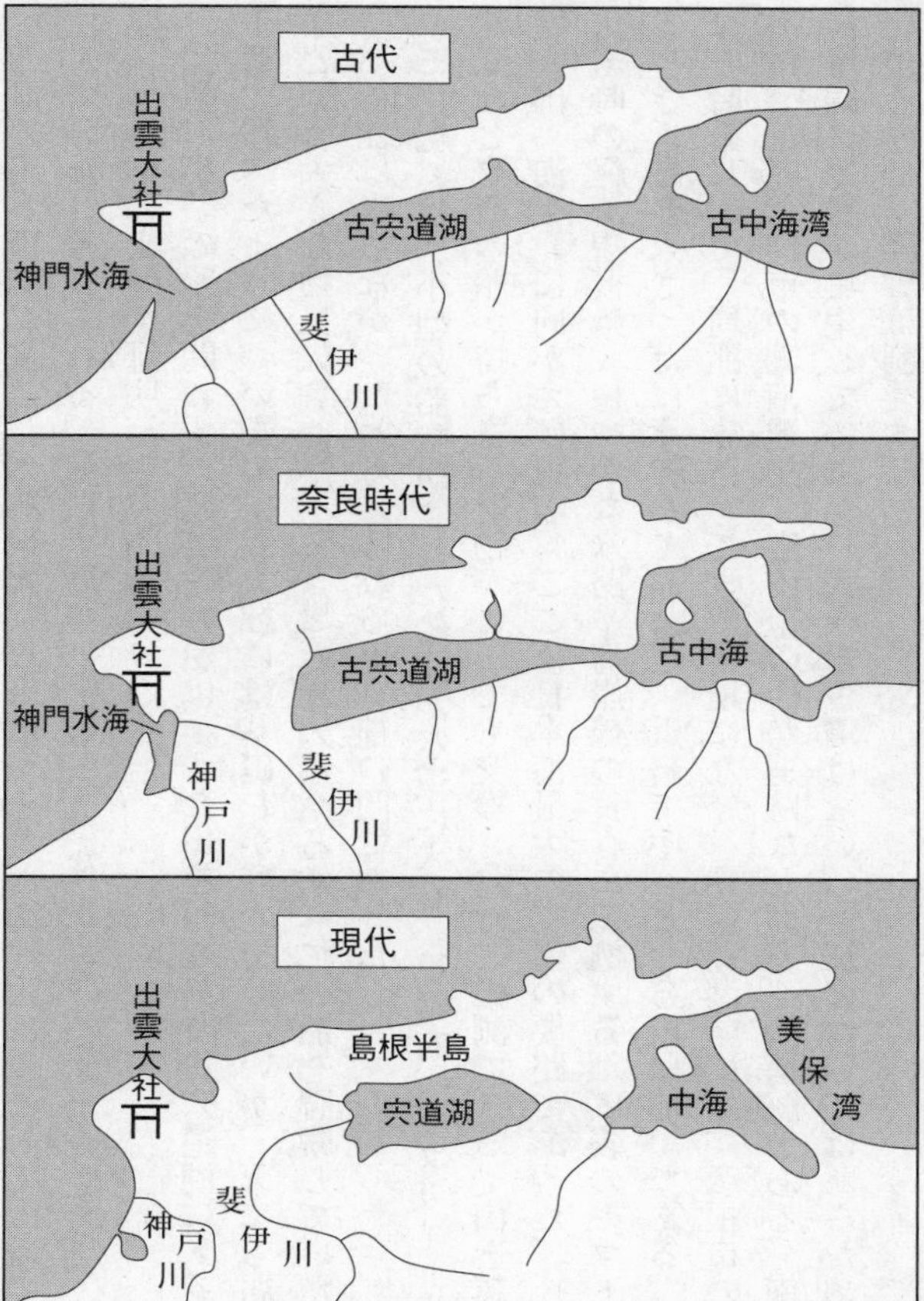

図4-2　古代の島根半島

資料）長尾義三『物語 日本の土木史』（鹿島出版会）を参考に作成

西側の出雲市側が主として渡来人、安来市から美保湾付近は主として土着の人が住んでいたと考えられる。島根半島が「半島」ではなく「島」であったことは、地理学・地質学によって証明済みである。

大型、小型の船を問わず、西からの船は小さな川をつないで古宍道湖に入る。第1章で述べたように、いまの出雲大社には基礎しか残っていないが、天にも届こうかという大きな物見矢倉（図1－7参照）が、入港するすべての船を睥睨《へいげい》していた。当時、神社は当然なかったと考えられるが、神の門であった。

三世紀には、小型の船で組まれた船団が水道に入り、黒曜石、サヌカイトや鉄、勾玉など東西の船が持ち寄る財物がここでも交換されたと推測できる。山を越えれば吉備、海を北に向かえば隠岐。ここは日本海最大の交通の要路であった。

当時の経済規模は、穏やかな水路や海岸線の長さに比例する。広義のヤマトというべき近畿と大ざっぱに比較してみよう。近畿で中心となる川は淀川である。淀川は当時暴れ川で、周囲に集落ができる環境にない。琵琶湖湖岸には、彦根市の稲部《いなべ》遺跡、近江八幡市の湖南遺跡、守山市の伊勢遺跡など数多くの遺跡がある。南側の海岸線に遺跡が集中しているが、大きな古墳はない。近江についてはあらためて旅に出るので、詳細は割愛する。

次に、河川舟運の比較をしてみよう。ヤマトの根幹をなす淀川水系の大阪湾から琵琶湖を経由して敦賀までは一五〇キロメートル、当時の日本海側の日野川河口の伯耆大山駅と高梁川河口の総社駅間の一三〇キロメートルとほぼ同じである。すなわち、日本海と瀬戸内海を結ぶ交易路の距離は同じということができる。

古くから、日野川と高梁川は舟運で結ばれていた。難波と敦賀が結ばれていたのと同じように、出雲と吉備を一つの国と考えてよい。

くわしく説明する。日野川河口から、南に瀬戸内海に向けてさかのぼれば、鳥取県南部町、伯耆町、江府町、日南町を経て、日野町付近で山越えをして岡山県の高梁川水系に入る。分水嶺の岡山県新見市付近は中継点として繁栄していた。なぜなら、日野川、高梁川の流域には、山奥にもかかわらず、ある距離をおいて点々と神社がある。これは船宿の名残である。また、新見市周辺には古墳が多く、舟が上っていた証拠である。

卑弥呼の時代の三世紀には、すでに出雲から吉備にその舟運路で鉄が運ばれていた証拠がある。旋帯文石《せんたいもんせき》とともに発掘された鉄剣が事実を物語っている。倉敷市の楯築墳丘墓である。その舟運路の出雲側の入り口である米子の近くに、国内最古級といわれる仏教壁画片が出土した上淀廃寺《かみよどはいじ》跡もある。

このことは、飛鳥より早く半島の文化が到来していたことを意味する。吉備の出口には、日本第四位の大きさの造山古墳がある。この古墳と吉備津彦《きびつひこ》が、ヤマト王権の発展に寄与することになる。

私たちは、奈良、京都、大阪を一つの経済圏ととらえても不思議さを感じない。ところが、岡山、鳥取、島根を同じ経済圏と見ることには疑問を感じる人も多いと思う。当時、船でつながる距離は一緒である。同じ経済圏と考えるならば、大王は一人であり、倭の五王はここにいたと考える。

したがって、『日本書紀』の時代、広いヤマトより繁栄していたと考えても不思議ではない。

●——吉備の児島がなぜ大八洲の一つなのか

倉敷市の市街地に一つの古墳がある。秀吉の水攻めで有名な高松城の近く、小高い丘の上に、前に述べた楯築墳丘墓がある。いまでは倉敷市の市街地のなかの古墳であるが、古代は海の真ん中に突出していた。

吉備から円筒埴輪の輸送が始まる少し前、卑弥呼の時代である。鉄が日本海からこの中部瀬戸内にはじめて届いた時代である。楯築墳丘墓は張石が光って、夜目にも児島の海を照らした。古墳は航路を照らし、人びとは通る船と鉄の交易を行ったと考える。

昔も今も、岡山は瀬戸内海、山陰、四国を結ぶ戦略拠点であった。『日本書紀』が完成する百年以上前の欽明天皇の時代に、蘇我稲目によってここに屯倉がつくられた。この時代にヤマト王権の拠点がつくられたと考える。

そして、『日本書紀』が編纂されていた時代、土地の私有化が進み、地方豪族に墾田を促進させ、孫の代には土地がもらえる三世一身の法が準備されていた。ヤマト王権というより藤原氏は、どうしてもこの発展途上の豊穣の地、吉備の産品を難波津に運びたかった。そのため、当時、港であった吉備子洲《こしま》を国生みの地の一つにしたと考える。

瀬戸内海には、大八洲に入っている場所があと二つある。淡路島と、大洲《おおしま》と呼ばれる周防大島（山口県）である。淡路島は説明不要だろう。周防大島には、対岸の柳井市とのあいだに急潮流で有名な大畠瀬戸がある。この島は、近くの上関と並び、芸予諸島の海峡を渡る船待ちのための重要な拠点であった。

しっかりと地図を見てみよう。ここを交易拠点と考え、潮の流れと島の位置を見て、はじめてこれらの地の重要性がわかってくる。『日本書紀』では瀬戸内海中央を押さえるために、児島と大島という東西二つの島を大八洲に、そして大三島の大山《おおやま》祇《づみ》神社の神を航海神に指定(神の列に鎮座)したのである。

●——吉備氏の乱は『日本書紀』定番の殺し合い物語

藤原氏は『日本書紀』の恩恵を受け、吉備においてやがて広大な荘園を支配することになる。吉備氏を滅ぼしたストーリーを見てみよう。

『日本書紀』によると、四六三年に吉備氏の乱があったとされる。歴史書における、この乱——戦争の火種は「吉備氏が新羅と結託した」など諸説ある。

「吉備の謎」を語る歴史学者は多い。しかし、どの本を読んでも、乱の目的はよくわからないという。これは実際に起こった戦争ではない。偽りの戦争で勝ち、昔からヤマト王権が土地を支配していたことにしたのであろう。藤原氏による不動産登記簿書き換えと考えればすぐにわかる。

出雲と吉備のからくりについて見ていこう。出雲地方には、実際に文化が異なる二つの国があった。東には松江、米子から日野川河口にかけての国が、西にはいまの出雲大社を祖とする国があった。

まず、『日本書紀』では、崇神天皇の条で「神宝《かむたから》事件」という架空の物語がつくられ、この二つの国の王を兄弟という設定で争わせた。紀元前である。東の王（兄の振《ふる》根《ね》）が西の王（弟の飯入根《いいいりね》）を神宝をめぐる争いで殺す。その後、東の王は吉備の吉備津彦によって成敗される。これで出雲は吉備の支配下になった。

その後、五世紀に、残った吉備津彦の末裔であろう吉備田狭《きびのたさ》を、吉備氏の乱で第二十一代雄略天皇が討つ。ちなみに、文献学の世界では、神宝事件と吉備氏の乱は時代が違う、二つの話を無理に結びつけるとんでもないこじつけと非難する人がいるかもしれない。

問題は、崇神天皇の時代、紀元前、鉄器が伝わる前の時代、文字がない時代に、そんな事件があったことを、ヤマト王権はどうして知りえたのか。明らかに作り話で、現実の世界ではないのだ。その書かれた背景を探ることこそが重要である。

背景は、日本海の英雄、倭王武の存在にあった。ヤマト王権の雄略天皇だけが残り、吉備に影響力をもつ河内の王になる。彼が倭王武であるよう信じさせることに成功した。アガサ・クリスティの代表作『そして誰もいなくなった』を彷彿《ほうふつ》とさせる巧妙なトリックである。

最後に、中ツ国の出雲と吉備の豪族がいなくなり、自分の先祖の神々を降下させた藤原氏がこの地の富を収奪するというシナリオで、じつにうまくできている。実際には、戦争や殺し合いは架空の話で、出兵もなく、吉備はその後も繁栄している。
現実の瀬戸内海の航路を開く作業は、吉備津彦として祀られている吉備の王が五世紀に行ったと考える。その時期、ヤマトというべきか近畿の豪族と吉備との交易がさかんに行われた。そして、雄略天皇と吉備津彦のすり替えがうまく行われる。その謎は第7章で百舌鳥・古市古墳群を旅しながら解くことにする。

●――倭王武は出雲の王、八束水臣津野命だった

私は倭王武の上表文にある、武が平定した土地の名前から、武の船隊が出発した場所がわかるはずだと考えた。これは、日本の王が出した文だからである。
上表文をあらためて見直そう。『宋書《そうじょ》』倭国伝によると、倭の五王の最後の武は、順帝のとき（四七八年）、次のように述べている。

昔より祖禰《そでい》（注＝祖先）みずから甲冑《かっちゅう》をめぐらし、（中略）東のかた毛人《もうじん》五十五国を征し、西のかた衆夷《しゅうい》の六十六国を服《ふく》し、渡りて海の北の九十五国を平らぐ。（中略）累葉《るいよう》（注＝代々）朝宗《ちょうそう》（注＝中国をあがめて入朝すること）すること歳ごとにあやまたず。

（『倭国伝』藤堂明保／竹田晃／景山輝國訳注、講談社学術文庫。表記は一部変更）

つまり、日本の北陸から東北地方の蝦夷の五五カ国、山陰から九州の熊襲《くまそ》や隼人《はやと》六六カ国、朝鮮半島の九五カ国をそれぞれ父祖の代から征服し、心服させ、平定した、というのだ。

この言葉どおり、五世紀には、ほぼ日本全国が統一されたと考えてよいのだろうか。「平定した」といってはいるが、東北から九州まで一〇〇あまりの日本海の都市国家と交易を行っていることを意味するのだろう。

前にも述べたように、船団であっても手漕ぎの舟では戦争はできない。すなわち、お互いの船が行き来する関係を得たことを指すのであって、国を治めたわけではないと思われる。古代ギリシャの都市国家のような、交易のための都市連携があったと考えられる。

ヤマトという都市国家が河内平野、奈良盆地にあり、そこに雄略天皇の倭王武が住《すみ》んでおり、上表文どおりの心服・平定(交易)をさせるならば、当然、難波津や住吉津《えのつ》に艦隊がいて交易をしなくてはならない。当時の大阪湾がどのような状況であったか、あとで説明するが、あまり言葉は必要ないだろう。物理的に、瀬戸内海をまわって蝦夷地まで行くことはできないのだから。

それでは、ヤマト王権は、日本海側に拠点を設けていたのか。あらためて遺跡群から見ると、日本海沿岸で古墳が多くある国は、出雲・伯耆、越国の九頭竜川《くずりゅうがわ》河口の三国港、そして、能登半島の邑知潟周辺の三カ所だけである。そのあいだで船団を組んで船がもてるような静穏な水面を湛《たた》えた大規模な港は、出雲・伯耆、豊岡、敦賀、越前（福井）くらいしかない。私は、そのなかに倭の五王の拠点港が確実にあると考えた。

では、その拠点の支配者はだれだったのか。各地の一宮（第一位の神社）の神々を調べると、八世紀ごろの勢力図がわかると考えた。

西から見ていく。

出雲は出雲大社、神は大己貴神《おおなむちのかみ》。
伯耆は倭文《しとり》神社、神は建葉槌命《たけはつちのみこと》。
因幡《いなば》は宇倍神社、神は武内宿禰《たけのうちのすくね》。
但馬《たじま》は出石神社、神は天日槍命《あめのひぼこのみこと》。
丹後は元伊勢籠《この》神社、神は彦火明命《ひこほのあかりのみこと》。
丹波は出雲大神宮、神は大国主命《おおくにぬしのみこと》。

若狭は若狭彦神社、神は火遠理命。
敦賀は氣比《けひ》神宮、神は伊奢沙別命《いざさわけのみこと》。
加賀は白山比咩《しらやまひめ》神社、神は白山比咩大神《しらやまひめのおおかみ》。
能登は氣多《けた》大社、神は大己貴神。

さて、八世紀以前の神社はどのような機能をもっていたのか。現代でいえば、県庁と市場、港を合わせたようなものであったと考える。内陸にある丹波の出雲大神宮と山岳信仰の白山比咩神社を除いて、これらの神社は波静かな湾のなかや入江に位置し、すべて良港であった。そのなかに不思議な神が何座かある。

まず、氣比神宮の主祭神は伊奢沙別命という食物の神であるが、ほかに第十四代仲哀天皇、神功皇后、第十五代応神天皇、武内宿禰を祀っている。そして、この武内宿禰を祀る神社が、鳥取県、福井県（とくに越前市周辺）に数多くある。また、第5章で説明するが、丹後一宮元伊勢籠神社の「海部《あまべ》氏系図」に、始祖、火明命から十九代目に健振熊宿禰《たけふるくまのすくね》という武人がいて、彼が武内宿禰だという。

こうして見ると、まだら状ではあるが、出雲から能登半島までヤマト王権というか蘇我氏と出雲系（大己貴神）の二つの権力者が、日本海を棲み分けしながら交易を行ってきたといえるのではあるまいか。これから見て、倭の五王には出雲の王と蘇我氏の祖先がいると考えられる。

　神社から追ってもこれ以上はわからないが、突然あるところから倭王武がわかった。そこは、八雲立つ風土記の丘資料館である。私は四年前の春、松江市郊外にあるこの資料館を訪れた。松江駅からバスで南に二十分、さらに山道を歩いて五分のところにある。この地の英雄、八束水臣津野命《やつかみずおみつぬのみこと》の壮大な神話がこの資料館にあった。

　八束水臣津野命が強い綱で四つの土地、すなわち新羅、北門《きたど》の佐伎《さき》と良波《よなみ》（隠岐）、高志《こし》（北陸地方の越）の都都《つつ》を引き、意宇《おう》の森に杖を突き立て、「国引きを終えた！」「おう」と叫んでできたのが、この島根半島の地であるという。最後に立てた杭が大《だい》山《せん》になり、引いた綱は弓ケ浜になったという壮大な国引き神話である。この内容には日本海交易を行った者しか知りえない空間的広がりがある。これこそ『宋書』の倭王武の上表文と重なるのではないか。思わず足が震えた。

　そして、『宋書』の上表文と国引き神話を重ね合わせて考え、倭王武の国は南の出雲であったという確信を、その資料館でもつにいたった。二人が同じ人物であるという最大の理由は、武も八束水臣津野命も蝦夷地とかかわりをもっていることである。八束水臣津野命のいう、能登半島先端の珠洲《すず》という場所が決め手であった。く

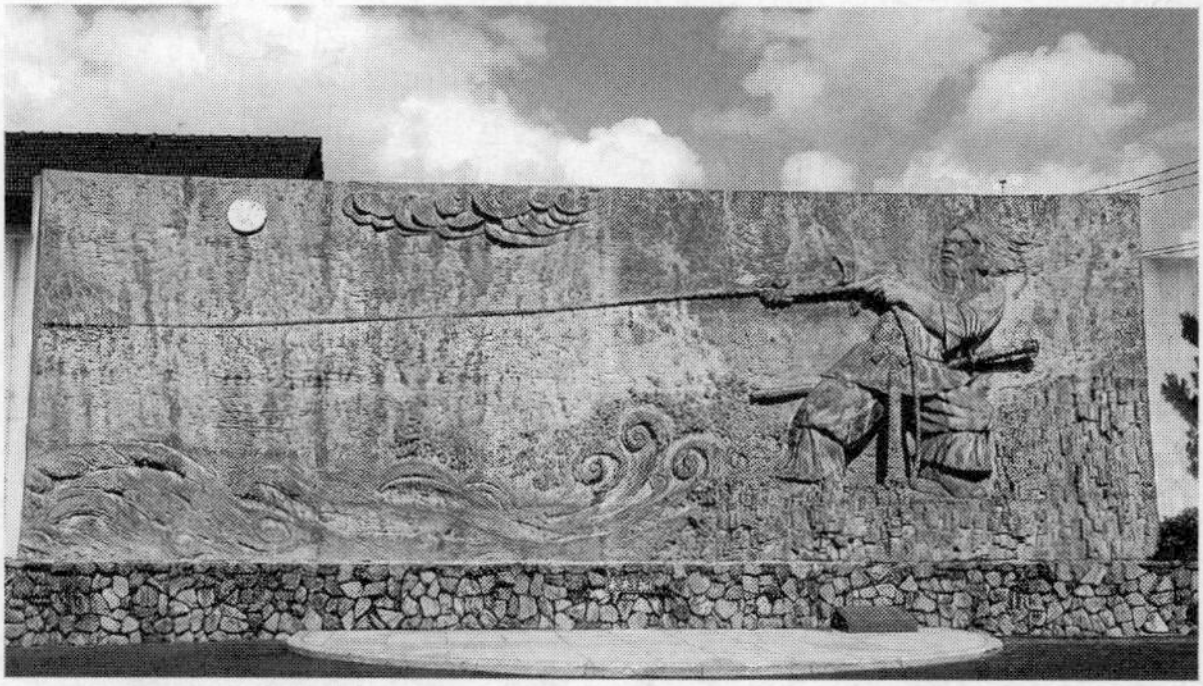

図4-3　国引き神話レリーフ「未来を拓く」(荒木文夫・制作、出雲市)
提供)黒谷美術株式会社

わしくは次節で述べる。

ヤマト王権の蝦夷地遠征は、六五八年から斉明天皇のときに三年かけて行われたが、これより前に八束水臣津野命によって蝦夷地との交易が行われていたという伝承がある。これが『出雲国風土記』の国引き神話である。

しかし、ヤマト王権は、その神話を認めたくなかった。認めれば、出雲の王が五世紀の『宋書』にある倭王武になり、ヤマト王権の正当性は失われる。彼の一族を歴史から抹殺する必要に迫られた。それゆえ、『日本書紀』の崇神天皇の条の神宝事件が創作されたと考える。

では、歴史から消された八束水臣津野命の蝦夷地への足跡を、これからたどることにしよう。

●——なぜ八束水臣津野命は能登の珠洲を目指したのか

国引き神話にある都都という土地を、以前の私は何気なく読み飛ばしていた。高志の都都は現在の石川県珠洲市である。その後、気になり訪れて調べた。珠洲市は奥能登というか能登半島の東端にあり、富山湾を望む場所である。

なぜ、ここにこだわるのか。旅をするとその理由がわかる。この地は日本海を佐渡や蝦夷地に渡る拠点であるらしい。

まず、当時の蝦夷地はどんなところだったか。『古代蝦夷の英雄時代』(工藤雅樹著、平凡社)によれば、奈良時代までに東北地方で稲作農業をふまえて発展した蝦夷《えみし》の族長の古墳が多数あるという。また、かなりの地域で、ヤマト王権の傘下に入る前に鉄器や稲作が普及していたようだ。

工藤氏の手による東北の古代史地図を見て特徴的なことは、大和朝廷とかかわりがあった古墳群や柵は、会津、多賀城、陸奥など、東北の太平洋側に広く分布しているが、信濃川から最上川までの日本海側には少ないことだ。工藤氏は、日本海側の倭人と蝦夷のあいだで、「対立」ではなく「同化」が進んでいたのではないかと記している。

この時代、応神天皇（蘇我氏）により、敦賀港での交易が行われ、東北の海や山の幸が多量に入ってくるようになった。蝦夷地は海産物の宝庫で、鉄器などの産物、干物にした魚介類を積み、船で蝦夷地と敦賀のあいだを運んだのだろう。途中、糸《いと》魚川《いがわ》（姫川）でヒスイを積んで帰還する姿は容易に想像できる。

静かな海が現在の新潟県村上市付近まで船を運んでくれたし、山形県の最上川河口の酒田も近かった。そこから内陸へは川を上るか、船をひいて進んだかもしれない。北海道まで往復で半年、春先に出て秋に帰ってくる遠征であったと考えられる。手漕ぎの舟で帆を補助的に使いながら、佐渡、蝦夷地に渡る。出航場所は珠洲がいちばん便利なのだ。

さらに、ヒスイの産地である糸魚川に渡るにも、ここの地形と潮流がいちばんいい。風を選んで対馬海流に乗れば三、四日で着く。また、舵を少し南に切れば、富山湾内を時計まわりに流れている潮流に乗って、一日でヒスイの産地の糸魚川に着く。ここは交通の要所であった。

国引き神話で珠洲を指す記述があるのは、蝦夷地まで支配していたことを誇るもので、すごい意味があることを次節で紹介する。

●――国引き神話の「北門」は能登半島にあった

それでは、八束水臣津野命は、どのように能登の先端である珠洲に行ったのか。その旅に出てみよう。

出雲を出発して丹後半島沖を経由して敦賀を漕ぎ進むと、さまざまな神々を祀る多くの神社がある。どうやらこれらは古代の港の跡であり、栄華の記録となっている。福井県から石川県の海岸を東に漕いでいくと、恵比寿神社、白山神社、武甕槌《たけみかづち》神社、菅原神社と、地元の神だけでなく藤原氏の神の武甕槌神を祀っている神社もある。当時は神社ではなく舟宿であったろう。のちにできた藤原氏の交易拠点もあるだろう。神社は羽咋《はくい》海岸（石川県）まで続く。

だが、羽咋海岸から北、福浦を越えると、神社はぱったり少なくなる。能登半島を越える海路がなくなった。能登半島の西側には有名な観光地、能登金剛に代表されるような絶壁が続く。第5章で説明する丹後半島と同様、船を泊める場所がない。だとすれば、竜の形の能登半島の西岸から東岸には行けない。

では、八束水臣津野命は、どのように能登半島の東側の珠洲に到達したのか。それに答える前に、江戸時代の北前船《きたまえぶね》は能登半島をどのように航海したか見てみよう。

江戸時代でも能登半島をまわるのは大変なことではなかったのか。

日本海の西廻り航路を開設した河村瑞賢《ずいけん》が、能登半島を越えるために工夫した三つのことがある。

第一に、操船代行をした。この代行とは、酒を飲んだときの代行運転と同じで、乗組員ごとそっくり代わって操船をした。その代行乗組員には、紀州と塩飽《しわく》の優れた水夫を雇った。難所を越えるために操船を代わったのである。塩飽とは瀬戸内海の岡山と香川両県に挟まれた塩飽諸島のことで、瀬戸内海の難所の一つである。

第二に、運航を綿密に考え、石見《いわみ》（島根県）の温泉津《ゆのつ》、但馬（兵庫県）の柴山、能登の福浦、佐渡の小木に番所を置き、連絡しあうことにした。

第三に、船のチェックや緊急時の救援対策、難所の狼煙台の設置などを行った。現在も能登半島の最先端の珠洲市には狼煙という町があり、海に臨む崖に狼煙台がある。

このような対策をしてはじめて西廻りの船が難波から下関を経由して、東北、北海道まで通航することができるようになった。当然、古代の船は能登半島をまわることはできなかった。

では、途中のどこから渡ったか。能登半島を空から俯瞰《ふかん》してほしい。羽咋市の北に水路がある。富山湾方向に斜めに総延長二〇キロメートルの断層がある。千里浜《ちりはま》という長い浜の切れるところから、潟が中能登町役場付近まで続く。図4-4を見てほしいが、当時は現在より海面が高いといわれており、五メートルほど高い海岸線をイメージした。すると、現在の断層線の邑知潟が一〇キロメートルほど深く湾入しているのがわかる。

さらに、潟が切れた場所から七尾市まで陸路がある。船をひいた一〇キロメートルの道があったと考えられる。古代の横断運河である。潟の入口に、縄文時代から防御機能をもった環濠高地性集落、吉崎・次場《すば》遺跡があり、邑知潟の最深部には大きな遺跡群、雨の宮古墳群がある。

そして、この潟の入口の北側に、この遺跡を護るようにどっしりとかまえた神社がある。この大社は、出雲の神、大己貴命（大国様）を主祭神とする能登一宮の氣多大社である。出雲神話に出てくる北門とは氣多大社であった。この北門以外、当時、蝦夷地に船で行ける場所はなかった。

古代ギリシャでは地中海のジブラルタル海峡がヘラクレスの柱と呼ばれ、「ここから先はヨーロッパの外」という意味があったが、この北門の向こうはまさしくこの国の果て、蝦夷地という意味であった、と私は考える。北門は出雲の神が守護して

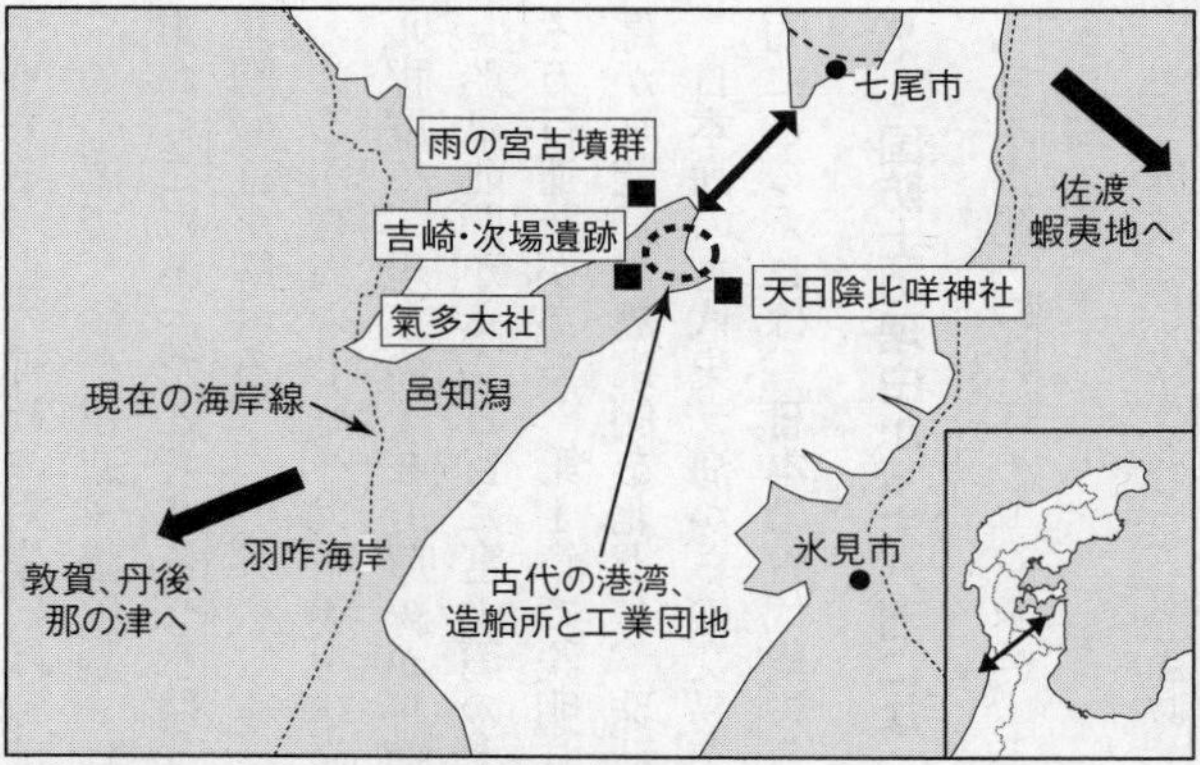

図4-4　能登半島の古代の海岸線と横断運河

いた。

命《みこと》は、邑知潟を渡って富山湾に向かったのだ。水路を漕ぎながら入ってみよう。

潟の奥に、弥生時代から支配者がいた。潟の入口の吉崎・次場の柵で検問を受けて入る。そこから現在の中能登町役場付近まで舟を漕ぎ進めると、能登部《のとべ》駅付近まで船は寄せられた。そこで一夜を過ごす。おそらく、大規模な宿泊施設と、もてなす側の大王の館があるはずである。

その南の高台には、近世において潟の北側から移された能登国二宮《にのみや》の天日陰比咩神社がある。その主祭神は天日陰比咩大神、屋船久久能智命《やふねのくくのちのみこと》、大己貴命、そして応神天皇である。屋船久久能智命は木材と船の神で、大己貴命はヒスイの神様でもある。この神社の対岸には、前述の雨の宮古墳群がある。

この潟で、船を建造・修理し、ヒスイを交易する。その全体を支配する大きな都市がここにあったと考える。水路や船曳道があったということで、大きな古墳群や北門の謎が解ける。

ここから東の七尾へは、船をひいて渡る。現在、最高地点でも標高は四〇メートル程度で、現在のJR七尾線が舟運路と平行に走っている。

船は北門から二日目に富山湾の七尾に着く。その入口には、巨大な住居跡とされる万行遺跡がある。第1章で説明した船宿である。命が蝦夷地に行くには、この七尾から能登半島東側を北上し、珠洲から帆を上げて向かった。

日本海の古代史、海からの交易を、県の境界を越えて、地形や地誌も含めて俯瞰的にとらえれば、日本の古代史の真の姿が見えてくると考える。

●――国防上の理由から大八洲になった隠岐と佐渡

『日本書紀』の神代・上の条に、こうある。

億岐洲《おきのしま》と佐度洲《さどのしま》とを双生《ふたごにう》む。

（『新編 日本古典文学全集2 日本書紀①』小島憲之ほか校注・訳、小学館。表記は一部変更）

なぜ、隠岐と佐渡が大八洲の一つに選ばれたかの答えを出す前に、古代の二つの島を見てみよう。

まず、隠岐である。隠岐は一つの島と思われているが、実態は一つの島といくつかの群島で成り立っている。北東にある一つの島が島後島（隠岐の島町）。一〇キロメートルほど南西に、群島の西ノ島（西ノ島町）、中ノ島（海士町《あまちょう》）、知夫利島《ちぶりじま》（知夫村）がある。有史以前から人が住んでおり、島で産する黒曜石が本土との広い交流を支えてきた。

この群島には、四隅突出型墳丘墓から前方後円墳、円墳まで、ほとんどの形の古墳が四〇〇基ほどある。それは多様な出自の人びとが集ったことを意味する。対馬海流を利用することができたため、古代から渤海や新羅との交易の中継点であった。本土とは微妙な距離のため、平安時代から後鳥羽上皇など、時の政権に反逆した者を配流《はいる》する場所になった。中世には京極氏一門の守護代、隠岐氏が支配し、のちに毛利氏一門の吉川元春が支配し、十七世紀には江戸幕府の天領になった。

『日本書紀』を読むと、ヤマト王権が隠岐と佐渡にこだわった様子が垣間見える。

隠岐については、六四六年に、役人が公務出張をするときに便宜供与を受けるために第三十六代孝徳天皇によってつくられた「駅鈴《えきれい》の制」がある。

駅鈴とは、古代律令時代に官吏が出張するさいに朝廷より支給される鈴で、これによって馬や舟をその地で調達できた。ただ、制度として飛鳥浄御原令《あすかきよみはらりよう》に書かれてはいるが、全国の国造《くにのみやつこ》を探しても、不思議なことに、駅鈴はただ一つ、隠岐の億岐《おき》家に残されているのみだ。

なぜ、隠岐に? その理由は謎であるとされてきた。私は、乙巳の変ののち、ヤマト王権が蘇我氏と出雲国が支配していた日本海の権益を奪う行動の一環であると推定してみた。昔から隠岐と佐渡をヤマト王権が支配していた証として、隠岐と佐渡を国生みの大八洲に記した。同時に、隠岐には偽の駅鈴制度をつくった。

そして、それを漢文で書かれた『日本書紀』に記すことで、国際的にヤマト王権が日本海を支配していると認知させたのである。そのことは、同時に、唐や新羅からこれらの島々の占領を防ぐことになったと考える。

次に、佐渡を見ていこう。佐渡へは、新潟港からジェットフォイルで一時間。現在、佐渡へ渡るおもなルートは、新潟市と両津港を結ぶ島の東側の海路であるが、八束水臣津野命の時代は、能登半島の先端の珠洲から、潮に乗って佐渡の西海岸に着く海路であったと考える。したがって、当時の玄関である西側に、真野古墳群、台ヶ鼻古墳など、古墳や遺跡が多い。

ヤマト王権の大問題は、前に述べたように、出雲の八束水臣津野命、すなわち倭王武が交易をした佐渡に足跡を残した歴史である。ヤマト王権にとって、『宋書』に書かれた王がほかにいたというのはほんとうに都合の悪い話だから、これを歴史上から消し、『日本書紀』で倭王武を雄略天皇と読めるように細工した。その罠にはまって、そのほかの讃、陳、済、興はだれかという論争が続けられている。

こうしてヤマト王権は、蝦夷地まで支配していたという実績づくりを行った。斉明天皇四年（六五八年）と五年（六五九年）に、越国の国守、阿倍比羅夫が大規模な蝦夷討伐を行った。この戦で北の辺境を支配したという実績づくりであった。

そして、六五九年に急いで第四回遣唐使を仕立てた。この遣使のうち、正使の坂《さか》合部石布《いべのいわしき》の船は遭難したが、副使の津守《つもりの》吉祥《きさ》一行は洛陽に到着し、一連の戦闘で捕えた二人の蝦夷を唐の皇帝、高宗に見せた。『宋書』の時代からヤマト王権が北の果てまで平定していた統一国家であることを誇らしげに語ったと考える。ここでようやく、ヤマト王権の日本海支配が認知されたのである。

出雲国はさぞかし無念であったろう。ヤマト王権に八束水臣津野命の手柄を奪われ、さらに自国の喉元にある隠岐を『日本書紀』で奪われたのである。いまなお、中央史観の人びとが『出雲国風土記』の国引き神話を黙殺しつづけるのには、そんな背景があると考える。

第5章
卑弥呼が治めていた倭国・丹後

●——謎を解くカギは丹後で交差する鉄とヒスイの路

第2章で述べたが、『日本書紀』を文字どおり読めば、神功皇后が卑弥呼で、卑弥呼が治めていた場所は邪馬台国（ヤマト）である。旅の距離で考えれば、ヤマトのなかの丹後が思い浮かぶのである。丹後も広い意味でヤマトである。

それでは、なぜ丹後なのか、丹後王国のなかに漕ぎ入ってみよう。

「魏志」倭人伝の冒頭にこうある。

倭人《わじん》は、帯方《たいほう》〔郡《ぐん》〕の東南、大海の中に在《あ》り、（中略）。今、使訳の通ずる所三十国なり

（『倭国伝』藤堂明保／竹田晃／景山輝國訳注、講談社学術文庫）

仮に大和の纏向や九州沿岸諸国を含めても、少なくとも三〇前後の都市国家が、半島もしくは大陸と交易を行っていたと考えられる。使訳とは通訳のことであるが、たんに話をしたのではない。ビジネスをしたのである。日本海は古代より北ツ海と

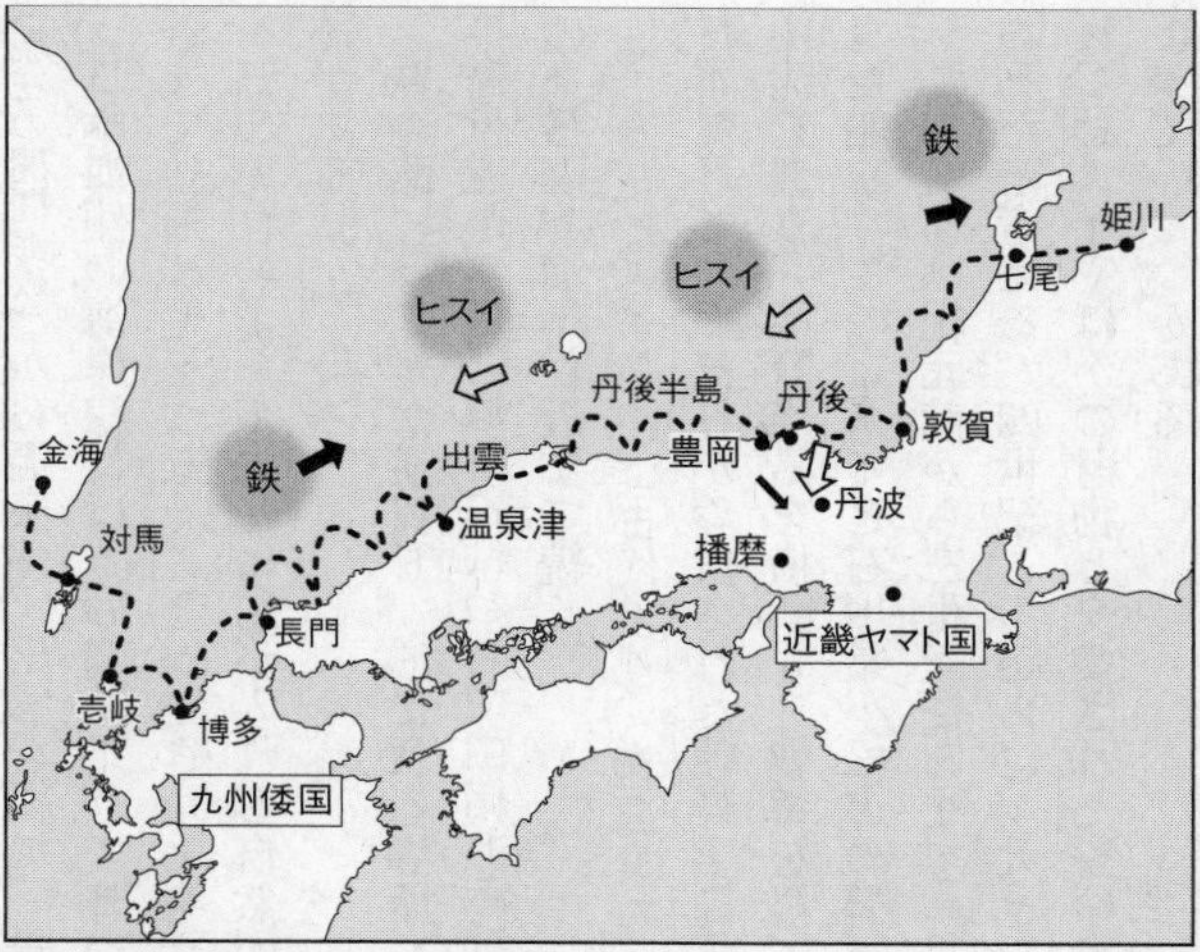

図5-1　日本海にあった鉄の路とヒスイの路

呼ばれ、那の津（博多）から新潟付近まで港をつないで鉄を運んだ。

「魏志」倭人伝の時代より前から、日本海は交易路が整備されていた。これは森浩一氏、門脇禎二氏らも指摘している。倭国の中心としては、鉄の路とヒスイの路が交差する、すなわち交易場ができる対馬、壱岐、丹後、出雲、能登半島のいずれかを考えるのが自然だろう。

丹後への鉄の路をゆっくり航海しよう。紀元前一世紀ごろから四世紀ごろまで、鉄の路は対馬海峡を渡って、博多、長門

（現在の関門海峡）から温泉津、出雲を経て、丹後からさらに東へ向かう。

日本海側の海岸線には、砂嘴《さし》によって外海と隔てられた潟湖が発達し、富山湾付近まで普通に船をつなぐことができたと考えられる。注意深く地図を見ると、一〇〜三〇キロメートルごとに船が入れる自然の入り江や河口があり、そこに神社や遺跡がある。

鉄の路には、舟が避難し、泊まれる場所や神社があった。そして、京都府の丹後半島付近からは、遺跡に代わって由緒ある神社が数多く、八束水臣津野命の「北門」のある羽咋海岸付近まで続く。

一方、ヒスイの路は古代より、新潟県の糸魚川（姫川）から貴重なヒスイが採れ、日本だけでなくそれが珍重された朝鮮半島まで運ばれた路だ。糸魚川の河口から富山湾を渡り、能登半島を横断し、敦賀を経て日本海を運んだ。鉄の半製品を積んできた船が、このヒスイと石川県小松市の碧玉の原石を帰り荷に積んだのである。

この交易は紀元前から三世紀ごろまで、小舟で九州からすべての港をつないで行われたと考える。四世紀ごろからは、大きな船で直接、鉄が日本海の主要港に運ばれ、ヒスイやほかの財物と交換された。ゆえに、鉄とヒスイの路の交易場は時代によっていくつかある。

小舟で北九州から山陰地方まで旅を続けると、宗像大社の辺津宮、出雲、妻木晩田など繁栄した交易場がある。だが、紀元前から、もっと大きな交易場があった。それは第1章で説明した、日本海をやってきた渡来人の鉄の王国、丹後である。伴とし子氏は、『卑弥呼の真実に迫る』などの著作で、別の角度から卑弥呼が丹後にいたことを指摘している。卑弥呼がここの女王であった、と。

ただ、冬を越せる港がなかったので、私には丹後の確証がなかったが、隣の豊岡（兵庫県）には立派な港があった。豊岡から丹後までの地形を読み、日本海すべてを航海していたとすれば、この王国の大きさがわかってくる。

●――豊岡の中嶋神社が卑弥呼のカギを握る

二千年ほど前、円山川が流れる豊岡市のある豊岡盆地には静穏な海があったという。その中心は現在の豊岡駅付近にある。北には有名な城崎《きのさき》温泉がある。

よく見ると、円山川の河口部分は特殊な形をしている。河口は両側に山が迫って漏斗状に狭くなって、河口から一五キロメートル奥に、幅一～二キロメートル、長さ一〇キロメートルほどの内海を形成している。現在は盆地になっている、そこのどこかに港があるのでは、と私は考えた。

豊岡市立歴史博物館の学芸員、中田周平氏にうかがったところ、豊岡の地は縄文時代には大きな湾であったという。それから陸化したといわれているが、そこに港があったとは聞いていないという。港の存在は定説になっていないようだ。

現在、この町の地盤は標高四メートルと低く、河口が狭められるので、円山川の氾濫《はんらん》でたびたび被害を受けている。洪水で町が何度も水に沈んでいることは、昔の内海の姿をよみがえらせているのではないかと考える。

私は、この盆地には、かつて冬を越せる、日本海側では数少ない静穏な港があったはずだと考えた。丹後王国を支える港だ。いまは市街地になっているこの海には、数多くの船が入ってにぎわう港がどこかにある。その証拠に、第1章で紹介した大船団が描かれている線刻画は、この上流の出石の袴狭遺跡から出土している。

港はこの盆地のどこにあるのか、ピンポイントで考えてみよう。洪水につねに見舞われる円山川の本流にはない。必ず本流の脇にある。いまでは円山川の支川《しせん》であるが、大昔は直接、海に流入していた出石川に見当をつけた。

この川の上流に、前述の袴狭遺跡と、『日本書紀』に登場する新羅の王子、天日槍命を主祭神とする但馬国一宮、出石神社がある。『播磨国風土記』によれば、新羅の王子がこの地に上陸、大国主命に土地を譲ってほしいと交渉し、出石に居を構えた

図5-2　中嶋神社

提供）豊岡商工会議所

とある。

それが出石神社の主祭神、天日槍命となった。この神がきた時期は、淡路島の五斗長《ごっさ》垣内《かいと》遺跡で鉄がつくられた時期と一致している。それでは、彼がこの川のどこに鉄の素材を揚げたのか。出石神社では上流すぎる。

そして、見つけた！

この出石川の河口の右岸の山裾に、北風に遮蔽され、洪水を受けにくい泊地として適した場所に不思議な神社がある。中嶋神社という立派な神社で、主祭神は「記紀」にもある田道間守《たじまもりの》命《みこと》である。

「記紀」と同社の略記によれば、第十一代垂仁天皇の御代、命ぜられて常世《とこよ》の国から「非時香菓《ときじくのかくのみ》」、いまの橘の実を奈良盆地の纒向に持ち帰って珍重せられたという。今日では菓祖神として、全国の菓子業者から崇敬されている。本殿は国の重要文化財に指定されていて、毎年四月に菓子祭を開催している。

中嶋神社は、兵庫県豊岡市三宅という地にある。主祭神である田道間守命は天日槍命の子孫で、豊岡の港を治めていたと考える。中嶋神社が当時の港の中心で、三宅連《みやけのむらじ》の祖といわれている。三宅は屯倉を意味している。現代の解釈では、屯倉はヤマト王権の直轄領であるが、私は旅する官吏、官船に食料供給をする大きな官営施設であると考える。ここには周囲に多くの古墳があるという。

この神社から南に円山川を上り、分水嶺を越えると姫路に、北に一つ山を越えると丹後に抜けた。港としては丹後の経済圏であった！

すでに中嶋神社のこの港には、隣の丹後の海部《あま》族の船のほか、出雲族、新羅の船など数多くの船が出入りしていたと考える。ヤマト王権はこの港に縁をつけたくて、橘の実の話を『日本書紀』の垂仁天皇の条に入れたと考える。

この説話から二つの疑問が起きる。

一つは、橘は柑橘類で南のほうでしか採れない。めずらしいので「記紀」に残っているのである。戦国時代以前から橘の家紋が数多く登場するが、西日本の大名に多い。

つまり、この豊岡の港は、南方、九州、朝鮮半島南部と交易していたことを示している。いいかえれば、田道間守命がいた港は日本海全体の交易に携わっていた。『日本書紀』としては、卑弥呼より早い時代に日本海で鉄の交易をしていた事実を知っていたということになる。

もう一つは、纏向という話題の地名が、なぜ唐突に出てきたかということだ。一世紀に崩御した垂仁天皇のために、纏向までがどんなルートであったか不明であるが、『日本書紀』は果物をもって旅をしたと語っているのである。

そうであれば、当時、果物と一緒に大変貴重であった鉄が丹波から届いていなければならない。すなわち、卑弥呼の時代よりもっと早い垂仁天皇の時代に、纏向にもちこまれていなければならないはずであるが、前に述べたように、その時代に奈良盆地には鉄の遺構はない。大正時代に卑弥呼＝纏向説を唱えた方がこの田道間守の説話をどのように考えていたか知りたいところである。

中嶋神社は卑弥呼の所在のカギとなる神社であるといえる。丹波と丹後は違うように思われるが、この神社から一山越えると鉄の王国、丹後である。

●――丹後半島を横断する船曳道

丹後半島のつけ根部分は、西は久美浜湾から東は阿蘇海（天橋立によって日本海の宮津湾から仕切られてできた内海）、宮津湾まで約二五キロメートルの幅がある。日本海に突出した長さは、京丹後市の中心部から先端の経《きよう》ヶ《が》岬《みさき》まで約三〇キロメートルある。小さな半島だから、歩いても端から端まで一日で行ける。たいした距離ではない。だが、手漕ぎの舟で半島をまわろうとすると、第4章で述べた能登半島と同様、海の路がない。状況をくわしく説明しよう。

西から、長い旅路で鉄を運んできた古代人の船団は、丹後半島のつけ根の久美浜湾の函石浜に上陸する。函石浜遺跡からは、出雲や朝鮮半島から運ばれた勾玉や管《くだ》玉《だま》、糸魚川から運ばれたヒスイ、中国や朝鮮半島からの薬瓷《やくし》、青磁、染付、陶器、銅鏃《どうぞく》、そして多くの中国古銭が出土している。

これは明らかに、一大交易の場である。その古銭のなかでも、とくに西暦一四年に新の王莽がつくった貨幣、貨泉が有名である。卑弥呼の使者が朝貢に行ったのより二百年早い時代の文物が出土しているわけだ。

船はここで休み、天橋立の阿蘇海まで尺取虫《しやくとりむし》のように丹後半島をまわろうとする。

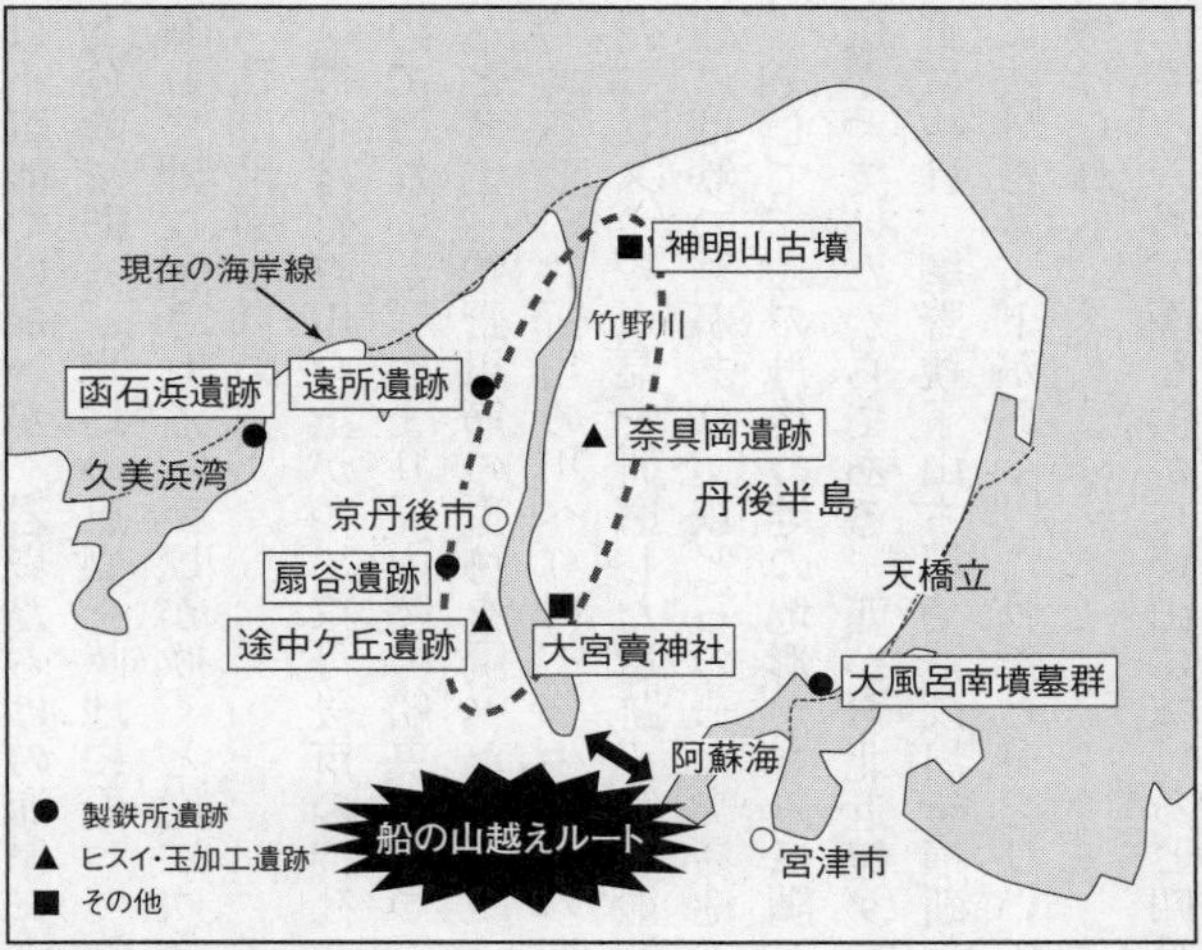

図5–3　丹後半島を横断する運河ルート

私の計算では距離的に、半島一周には七日間かけて漕いでいくことになる。だが、その日その日の泊地がない。すなわち、遺跡がない。丹後半島の地形を見ると、先端部の約四〇キロメートルは、丹後松島や屏風岩の名前が示すように岩が切り立っており、船をつないで休める場所がまったくない。半島東側の、舟屋の並ぶ景色で有名な伊根まで、まったくないのである。

手漕ぎの舟は、漕ぎ手が毎晩休まなければ進めない。対馬や壱岐のような大海を漕ぎ渡ることを考えれば四〇キロメートルは不可能ではないが、岩場だらけの海岸に沿って漕ぎつづけることは、風が変わると危険である。半島の東側を陸地に沿って漕ぎ進むが、東風が吹くと舟は陸岸から離れて沖に流される。西風が吹くと崖に吹き寄せられ、叩きつけられる。

私は地図を見て、

「彼らは竹野川を上がって京丹後市の神社から宮津市の阿蘇海に山越えして抜けたのではないか。つまり、内陸の船曳道をつくったのではないか」

と考え、竹野川筋の遺跡を調べた。

すると、竹野川の川べりに、弥生時代のものすごい数の遺跡と古墳が存在していた。ヒスイや水晶を研磨した遺跡、鉄を鍛造した遺跡も川の周辺である。私は、ここには鉄の路があり、鉄と石の一大交易地であったことに気づいた。

そして、この丹後の地の地形をさらに調べると驚きであった。内陸部には平野が広がっていたからである。西から北近畿タンゴ鉄道（現在の京都丹後鉄道）に沿って網野に抜け、網野銚子山古墳で浅茂川《あさもがわ》を横断し、そこから陸路を京都府道53号で弥栄《やさか》に抜けるルートがある。これだと舟をひいて半島をまわるより二日早く、五日間で抜けられる。

もう一つ、函石浜から峰山に抜けると四日間で抜けられる。その拠点が現在の京丹後市の網野町、弥栄町、峰山町で、そのルートを北近畿タンゴ鉄道が走っている。いずれも標高一〇メートル付近まで海が迫り、そこから距離にして五〜一〇キロメートル、標高六〇〜七〇メートル程度の丘を、船をひいて上がり、下ると丹後半島を横断できる。すこぶる便利なルートである。

よく見ると、道路脇に小さな水路がたくさんある。そして、木津、島津、湊宮《みなとみや》など、内陸でありながら港に関する文字のつく地名が多い。つまり、津や湊とつく名前は内陸の船曳道の港である。多くの遺跡は、この船曳道の横にあった。

峠越えの船曳道の脇に、鉄艇と玉、ヒスイ、毛皮などの交易場が軒を連ね、にぎわったと考えられる。北近畿タンゴ鉄道は、まさに鉄とヒスイの路の上を走っていることになる。

重要なポイントは、東側の阿蘇海、天橋立に抜ける山の壁をどう抜けるかであった。かつて、市内の遺跡を案内していただいた京丹後市教育委員会文化財保護課の岡林峰夫氏に、

「船を担ぐか、ひいて半島を抜けるとすれば、東側はどの谷を通ったのだろうか」

と質問したことがある。

「通ったとすれば、国道312号と北近畿タンゴ鉄道が並走している、水戸谷では

ないか」

という答えであった。

水戸は水門を意味する地名だろう。京丹後市大宮町から野田川河口に降りる峠の道を下り、右に折れて上流に上がると、山陰本線に沿って京都経由で奈良に抜ける。左に折れて河口から阿蘇海を渡ると元伊勢籠神社である。

丹後一宮と二宮は山越えの直線距離で約一〇キロメートルである。近いから船をそのまま運んだ。船が運ばれたルートの拠点にできた市場が先で、そこに二つの神社があとからできた。これらの神社にも、船の陸送を手助けする航海神がいたと考える。しだいに、卑弥呼の仮説が確信に近づいてきた。

●――半島中心部は鉄とヒスイの一大工業団地であった

この半島をよく観察すると、能登半島横断運河の邑知潟同様、外郭部に防御施設、内側に接待所と工業団地がある。防御施設を見てみよう。半島西側は浅茂川の網野銚子山古墳、竹野川入口の神明山《しんめいやま》古墳、東側は天橋立近くの大風呂《おおぶろ》南墳墓群、南側は野田川に沿った蛭子山《えびすやま》古墳に代表される古墳群がある。

たんなる墳墓ではなく、川や海を見渡せる、睥睨できる場所に古墳はあった。船

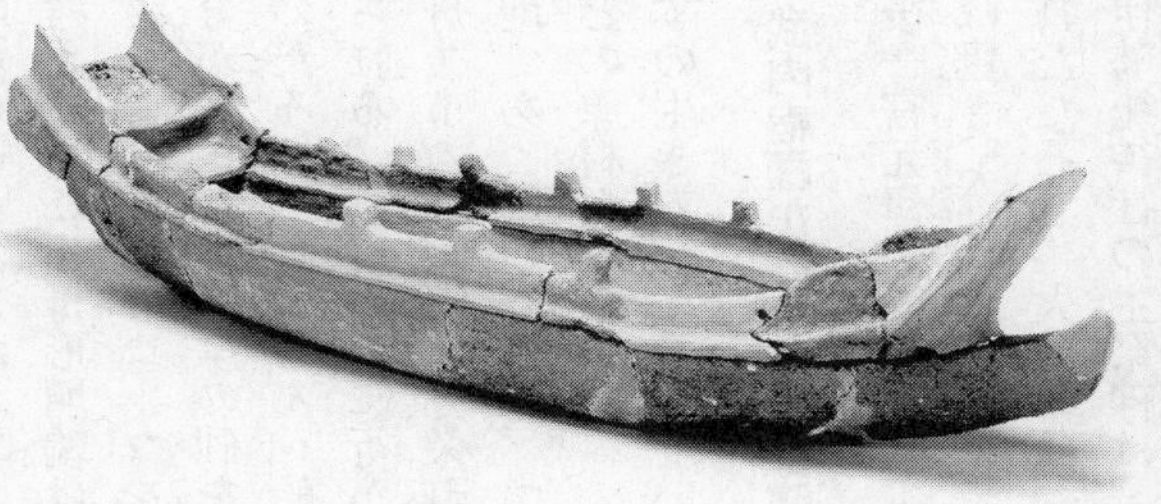

図5-4　ニゴレ古墳から出土した舟形埴輪

出所）ニゴレ古墳出土舟形埴輪（京都大学総合博物館所蔵）

曳道の沿道に多くの接待所があり、同時にヒスイ、水晶玉、ガラスなどを細工する玉造り工場（ヒスイ加工場）や製鉄工場があったと思われる。特筆すべきことに、竹野川を挟んだ向かいの扇谷遺跡は鉄滓《てっさい》、ガラス滓、紡錘車、玉などの遺物が出土した環濠遺跡で、一つの工業団地であったようだ。

五世紀半ばのニゴレ古墳から、舟形埴輪（図5－4）のほかに鉄製甲冑、刀剣が副葬品として発掘されている。鉄もヒスイも、ほかの玉石も、この地にまったく産することがない資源が、どんどん出土するという点を見過ごしてはならない。

五世紀につくられた山の中の遠所《えんじょ》遺跡は、当時、日本最高峰の技術をもった製鉄所であったが、近くに砂鉄は産しないため、どこかの海岸から運んできた。ニゴレ古墳から出土した舟形埴輪は砂鉄運搬の船ではないかと考える。この舟形埴輪は平底で、アヒルのくちばしのような舳先をもっているが、ここに何本ものロープを結びつければ、多人数で引っ張ることができる。

鉄分が含まれる海岸の砂を採って積み込み、遠所遺跡の製鉄所まで陸上を引き上げたのだろう。もちろん、船は砂鉄だけではなく、この地の多くの産物を運んだと考えられる。京丹後市に行かれたら、この埴輪（レプリカ）を、ぜひ見てほしい。

京丹後市の網野町、弥栄町、峰山町など、いまある街は古代において、巨大な工業団地であったのだろう。中国や朝鮮半島からの鉄材、糸魚川のヒスイ、加賀の碧玉などの原材料を輸入し、この地で加工をして輸出した。まさに現代の、資源のない日本の生き方を象徴しているといえる。

●——武内宿禰がいた元伊勢籠神社

丹後一宮元伊勢籠神社の主祭神は火明命で、社家《しやけ》である海部《あまべ》氏の祖神である。相殿神《あいどのしん》は豊受大神《とようけのおおかみ》、天照大神と海神《わたつみのかみ》である。海神は海部氏の氏神である。ここで気づかれただろう。火明命は壱岐、海神は対馬の神である。

元伊勢籠神社の主祭神は、西の海からやってきた丹後の始祖、火明命である。こ

図5-5　丹後一宮元伊勢籠神社

提供）籠神社

の神は『日本書紀』によると、神日本《かむやまと》磐余彦尊《いわれびこのみこと》（神武天皇）の祖父、火遠理命の兄弟である。火明命は、対馬で生まれてやってきた海洋民族である。

なぜ、丹後半島は盛衰をくりかえしながら、紀元前から五百年以上も繁栄したのか。だれが国王であったのか。日本海を支配する水軍力がなければ続かない。

元伊勢籠神社の周辺にある遺跡はすごい。東の与謝野町字《あざ》岩滝には大風呂南墳墓群、同町字弓木には石田谷《いしだたに》遺跡がある。与謝野町とあるが宮津市に近く、天橋立に面しており、その中心に元伊勢籠神社がある。

海部氏はこの地の海運集団で、火明

命と同じように西からやってきた海部族と思われる。『日本書紀』には応神天皇の条で登場する。応神天皇五年秋八月に、「海人部《あまべ》と山守部《やまもりべ》とを定めた」とある。海人部とは朝廷に海産物を納める部族で、『日本書紀』では、応神天皇が丹後の海部族を支配していたことになる。

海部氏は『日本書紀』ができた百年後に家系図を残した。現在、元伊勢籠神社に保管され国宝になっている「海部氏系図」である。元伊勢籠神社の社家、海部氏の系図で、始祖、彦火明命から第三十二世の田雄まで直系子孫のみを記したきわめて簡略なものだ。真偽は疑わしいとされているが、この系図の始祖から三代目の倭宿禰、十九代目に登場する健振熊宿禰は疑わしいキーマンである。この二人が丹後の歴史に光をあてている。

『日本書紀』はヤマト王権の早い時期に、丹後（丹波）と縁をつくっている。第九代開化天皇の妃、丹波竹野媛《たにわのたかのひめ》は、前に述べた竹野川（京丹後市）の工業地帯から嫁いできた媛である。まず、丹後の中心の工業団地に縁をつくった。

次に、第十代崇神天皇の御代に登場する丹波道主命《たにわのみちぬしのみこと》である。『日本書紀』によれば、彼は四道将軍の一人として丹波地方に派遣されたとある。私は、この四道将軍の遠征については、第1章で絵空事であると書いた。大軍を長駆派遣できる時代ではない。丹波道主命はもともと丹後の王であったと考えるほうが常識的である。素戔嗚命が八岐大蛇《やまたのおろち》伝説で櫛名田比売《くしなだひめ》と縁を結び、その後、神宝事件（第4章参照）で吉備津彦らを登場させ、出雲を完全に支配したのと同じストーリーである。

もう一人、とくに重要な縁は、第十一代垂仁天皇に嫁いだ日葉酢媛《ひばすひめ》である。三男二女を産み、一人はのちの景行天皇に、もう一人の倭姫《やまと》が伊勢の斎王《さいおう》（天皇の代わりに伊勢神宮の天照大神に仕えた未婚の皇女）になっていることである。

なぜ、唐突に伊勢の斎王が出てくるのか。私は、もともと国の神、天照大神は蘇我氏の庇護のもと丹後にいた、そして、伊勢に奪われたと考える。謎は深くなる。

次に、十九代目の健振熊宿禰は武内宿禰と同一人物であるという。蘇我氏の始祖は武内宿禰である。やはり蘇我一族がこの地も支配していたと考えると腑に落ちる。

系図の真偽はともかく、『日本書紀』が海の王国、丹後をどのように扱っているか興味が尽きない。海の航海を地道につなぐことは、壱岐、対馬から丹後の伝説をつなぐことにつながる。そうすることで、いままで意図的に隠されてきた古代史が見えてくるのである。

第二十六代継体天皇については第8章でふれるが、福井から来たといわれている。そうなれば、敦賀、丹後、近江、山城までの歴史の空白地帯が、逆賊と呼ばれた蘇我氏の大きな版図《はんと》として浮かんでくる。丹後も蘇我一族とのかかわりがある。そして、大きな輪廻となって継体天皇の血脈につながってくる。

歴史の謎解きはおもしろい。

●——卑弥呼がいた丹後二宮大宮賣神社

元伊勢籠神社から約一〇キロメートルの峠越えをすると、丹後二宮の大宮賣《おおみやめ》神社に着く。ここは織物と酒造をつかさどる大宮賣神《おおみやめのかみ》、食物・穀物をつかさどる女神である若宮賣神《わかみやめのかみ》（豊受大神）の二神を祀っている。

豊受大神は、伊勢神宮外宮《げくう》の主祭神である。伴とし子氏は、

「この豊受大神が卑弥呼の後継者の壱与である」

と語っている。なるほど、納得できる。

卑弥呼の時代を挟んで数百年間続いた鉄とヒスイの国際貿易市場が丹後にはあった。これ以上大きな国際貿易市場は、国内には存在しない。

なぜなら、すでに述べたように、函石浜遺跡から、卑弥呼の時代より二百年前の時代の通貨が出土しているし、卑弥呼の使者が持ち帰ったという三角縁神獣鏡（二三九年）より四年も古い「青龍三年（二三五年）」という銘がある方格《ほうかく》規《き》矩《く》四《し》神鏡《しんきょう》が京丹後

図5-6　丹後国二宮の大宮賣神社

提供）京丹後市教育委員会

市の大田南古墳から出土しているからである。丹後では、卑弥呼の時代より明らかに前に鉄の輸入が始っていたことはまちがいない。

なお、いままで三角縁神獣鏡は卑弥呼の鏡として定説になってきたが、藤本昇氏によれば、中国と日本の銅山の銅の鉛に含まれる同位体の違いを科学的に調べることで、三角縁神獣鏡など話題の鏡の原材料の産地が最近わかったという（「古代史15の新説」〈別冊宝島〉、宝島社）。

藤本氏は結論として、三角縁神獣鏡は倭国製であり、鉛から岐阜県神岡鉱山の鉛であると分析し、真の卑弥呼の鏡は九州北部を中心に出土する内行花《ないこうか》文鏡《もんきょう》、方格規矩鏡などの漢鏡であるという旨のことを述べている。したがって、丹後国を護るようにある大田南古墳での方格規矩四神鏡の出土は、卑弥呼＝丹後説の有力な証拠の一つとなろう。

大宮賣神社にもどろう。この神社は、竹野川の源流、山越えの分水嶺の入り口にあった。竹野川河口から二〇キロメートル弱、野田川への山越えは一〇キロメートル弱、元伊勢籠神社まで一〇キロメートルで、河口からも函石浜からも二日の距離、野田川河口の大風呂南遺跡までは山越えであるが、一日の距離である。こうして見ると、この神社は丹後半島のへそともいうべき交通の要衝にある。

私は、この神社を訪ねてみた。普通に見れば、どこにでもあるような神社だが、神社のある周枳《すき》地区の地形を見ると、このあたりで竹野川の水量が少なくなり、いくつかの支流に分かれている。昔は扇状地の下端部であり、神社の周りには一〇〇〜二〇〇メートルの尾根が連なる山地が迫って、ものすごい量の湧水があることがわかった。この湧水は神社の前の池にも見られる。

私は、この湧水こそ、この地が交易拠点になる要件であると考えた。この山奥の地の港づくりは、水があればしごく簡単である。少し下流で川をせきとめ、周囲を数十センチメートル掘れば、湧水によって水が溜まり、立派な港ができる。

西方からは朝鮮半島の鉄塊、ガラス玉、出雲の勾玉が、東からはヒスイや黒曜石を積んだ多くの船がここでつながれ、市が立ち、多くの物資が交換されたと考える。ミニチュアの高坏《たかつき》や壺、甕《かめ》が多いことや、出土した滑石の勾玉などを根拠に祭祀遺跡としているが、現実に宴をくりかえした場である。

境内から多数の埋蔵物が出て、神社のできる前から、古代の政《まつりごと》が行われていたとされている。この神社は、呪術的な力をもつ国の祭礼の中心地、古代祭祀史跡として京都府に指定されている。まさに卑弥呼の館である。

竹野川あるいは浅茂川沿いにある砦、古墳群、柵、そして多くの屋敷跡を俯瞰すれば、「一〇〇〇人の婢を使って、宮室、楼観、城柵を構えた城に住み……」という陳寿の記述に当てはまる。日本列島のなかで「魏志」倭人伝の描写に当てはまるところは、まさにこの場所である。

まだある。令和元年の天皇陛下の大嘗祭に捧げられた米は、京都府南丹《なんたん》市の米であったが、昔は代々、ここ周枳の米であったという。さらに、対馬南端の豆酘崎に残る亀卜の儀式、赤米の儀式も日本の皇室に残る。皇室行事も日本海でつながっているのである。

私は、このごく普通の目立たない神社、大宮賣神社こそが、「魏志」倭人伝に描かれた邪馬台国（ヤマト）の卑弥呼がいた場所であると考える。すなわち、ここが、邪馬台国――倭国の本当の場所だ。海路から見ても、卑弥呼が治めるヒスイと鉄の交易地はここしかないと判断する。

門脇禎二氏は、『日本海域の古代史』（東京大学出版会）のなかで、ヤマト王権が登場する前に丹後に丹後王国があったとしている。そして、現在、それを継ぐかたちで、伴とし子氏によって古代丹後の研究が行われている。伴とし子氏は、卑弥呼は丹後にいたとしている。私も鉄の交易から、丹後に卑弥呼の王国があったと考える。

丹後王国か、丹波王国か。律令制以前から丹後も丹波《たにわ》も含まれ、丹波国造の支配下にあったといわれているが、私は遺跡から丹波という広い地域ではなく、現在の京丹後市を中心とした丹後に王国があったと考える。丹後王国には『日本書紀』の系図とは別に、ヤマトと呼称される大王、倭宿禰がいた。第2章で述べたが、ここにヤマトと呼ばれる邪馬台国（やまとこく）があったと考えれば、すべて腑に落ちる。

いままでの研究によれば、王国は紀元前から形成され、四世紀末から五世紀に最盛期を迎えたとしている。いうまでもなく鉄の交易で栄えたのである。その後、渡来の安価な鉄が大量に入ってきたことで衰退を始めた。倭国《やまと》と呼ばれ、その中心であった丹後が歴史の表舞台から消されたことで、のちの卑弥呼邪馬台国論争をつくる大きな仕掛けが『日本書紀』のなかに隠されている。それは第9章で詳述するが、丹後の王、倭宿禰の、あるふるまいにあった。

●――東国進出の要衝であった伊勢と熱田

なぜ、古代、神道がない時代に、しかも、日本の国土の真ん中とはいえ、何もない伊勢が要衝だったのか。『日本書紀』では第十一代垂仁天皇の御代に、天照大神を倭姫に託して伊勢の斎宮《いつきのみや》に移したという。

古代の海路をつないでいく壮大な日本海の海人族の移住のドラマが、かなり昔から行われてきたことを地形が裏づけている。日本列島の地図を見ると、現在の伊勢湾は湾口の鳥羽から湾奥の名古屋まで約一〇〇キロメートル、幅が広いところで四〇キロメートルの大きな湾である。現在でも、東西交通の大きな壁になっている。現在の東海道本線は、名古屋駅から真北に一宮、岐阜方面に方向を変え迂回する。現在の鉄路が古代の海岸線に沿っている。

いまからおよそ四百年前、織田信長の一生を書いた『信長公記』に海の状態が記されている。信長の父、信秀が天文十六年（一五四七年）に美濃の斎藤道三に大敗し、名だたる織田家の武将がおよそ五〇〇〇人も討ち死にした戦場が、現在の岐阜駅の南にある。岐阜駅の北にある円徳寺には、そのときの亡骸《なきがら》が葬られた織田塚がある。

この付近から南は、昭和の初期まで、蓮田や田圃が続く湿地帯が広がっていた。当時、織田軍は武具を脱ぎ、舟で尾張にもどろうとしたときに襲われたという話も聞いている。岐阜市の南部から水路が伊勢湾につながっていたのである。すなわち、東海道線の岐阜駅付近まで海がきていた！

『信長公記』によれば、さらに、その戦いの六年後、天文二十二年（一五五三年）、尾張の富田《とんだ》（現在の愛知県一宮市）の正徳寺（聖徳寺）で斎藤道三と織田信長の有名な会談があった。うつけと呼ばれていた信長が長槍と弓、鉄砲で七、八〇〇人ほどの隊列を組んで進むありさまを、会談の前に物陰から見た道三は、会談後の帰途、

> この道三の息子どもが、必ずあの阿呆の門前に馬をつなぐことになろう。
>
> （太田牛一『現代語訳 信長公記』中川太古訳、新人物文庫）

と言って嘆いたという有名な話がある。

重要なのは、そのときの信長の軍の移動である。前掲書には、「木曽川・飛騨という大河を舟で渡り」という記述がある。会談の場の一宮市の聖徳寺は木曽川左岸で、

当時は伊勢湾まで続く沼地やクリークが広がっていた。

信長は那古野城《なごや》（現在の名古屋城の二の丸）にいて、そこから隊列を組んで、陸路、一宮市の西に向かったと考えるのが文献学の人の常識であろうが、私はそうではないと考える。

那古野城と聖徳寺のあいだ（JR岐阜羽島駅に近い）の距離は往復約三〇キロメートル。甲冑具足を着け、刀、長槍、鉄砲を持っての重装備では、沼地あり、湿原ありの道を一日三〇キロメートルはとても歩けない。

当時、清洲《きよす》攻めを行っていた信長の前線の出城があった大治町《おおはるちょう》、甚目寺《じもくじ》付近で装備を準備、会見場近くまで船団で潮を見ながら移動した。その後、装備を着け、隊列を整えて行進したと考える。

そうであれば、舟の助けを得ての一日の行程は往復二〇キロメートル弱で、太田牛一の『信長公記』の記述にあう。信長の軍は、当時の木曽三川の河口を縦横に活躍する、現在でいう海兵隊であった。多くの舟を保有していたと考える。

いくつかの古地図と神社の配置、そして『信長公記』を読み解くと、現在の岐阜県大垣市、岐阜市、愛知県犬山市を結ぶ線から西は海で、尾張一宮や織田家の拠点である清洲、津島は文字どおりの中州や島で、那古野（名古屋）と熱田《あつた》は台地であった。

昭和の初期まで大垣市内から桑名まで渡船が通っていたことも頭に入れて、古代の伊勢湾を考えてみよう。

古代、現在の濃尾平野はなく、木曽三川の河口には葦が茂る湿地帯と網の目のような水路が広がっていた。現在の木曽川の流れは、十六世紀末から十七世紀はじめ、豊臣秀吉と徳川家康の時代につくられた堤防(御囲堤)によって河道が西に振られたが、それ以前は犬山市付近から一気に海に注いでいた。

以上により、現在の東海道本線を重ねると、その東側には低い丘陵地帯が広がり、西側は一面、海が広がっていた。古代の交通機関は、疑いもなく舟しかなかったのである。いいかえれば、この地の支配者は、船をもつ水主、船を建造できる船匠だけでなく、海にかかわる技術者を必要とした。日本海の壱岐、対馬から琵琶湖までの海の民の大規模な移住が行われたのは必然であった。それを行った支配者は、丹後・越前・近江の王、蘇我氏と考える。

日本海の海の民の守護神である天照大神、そして豊受大神が、豊かな伊勢湾に一緒に移されたのは自然のなりゆきと考える。現在、愛知県西部に海部《あま》郡という地名が残っている。元伊勢籠神社の海部氏とつながっているのではないだろうか。

『丹後・東海地方のことばと文化』（京丹後市教育委員会編）という報告書によれば、丹後弁と名古屋弁の方言はその多くが一致している。たとえば、「おいしい」は丹後弁も名古屋弁も「うみゃあ」、「苦労する」は「おうじょうこく」といったような例をあげている。

さらに、五八七年の丁未《ていび》の乱の仏教論争を経て、国内に仏教が広まったとされているが、愛知県は国内でいちばん寺院の数が多い。これは、いままで謎とされてきた。大きな民族移動のときに、日本海から伊勢湾に最初に仏教が広まったと見るべきだろう。奈良や京都ではない。なぜか。伊勢への道は蘇我氏の仏教布教の道であったからだ。

次に、熱田の話に入る。なぜ、熱田が重要な拠点なのか。江戸時代、熱田は桑名と結ぶ、東海道五三次の四一番目の宿、唯一の海上ルートの宮宿となる。古代は大垣と一宮を結ぶルートが重要路線であった。

後世、熱田神宮は主祭神として熱田大神《あつたのおおかみ》である草薙剣《くさなぎのつるぎ》、次に相殿神として天照大神、素戔嗚命、日本武尊《やまとたけるのみこと》ほか二神と五神の神を祀るようになった。伊勢神宮はもともと天照大神と豊受大神であり、月讀神はあまり知られていないが、別宮として九世紀はじめに壱岐の民の神、月讀宮に鎮座している。

図5-7　豊受大神を祀る伊勢神宮外宮

提供）神宮司庁

もともと丹後からは仏の道があったが、『日本書紀』でヤマト王権によって日本武尊を登場させ、熱田に別の歴史をつくったと考える。

海路は、もっと北か南にはなかったのか。熱田より北の木曽三川と庄内川は、つねに河道が変わる暴れ川のデルタ。何本もの川を東西に横切るのはむずかしい。では、もっと南の知多半島から津や松坂に行けるのではないか。

じつは、これが不可能であった。第2章の瀬戸内海の航海を思い出していただこう。水がない島は船を着けられない。知多半島は昭和のはじめまで川がなく、水がないため、人が住むところではなかった。交易路もなかった。

しかし、いまでは中部国際空港や日本製鉄名古屋製鉄所があり、多くの人が住んでいる。なぜか。一九六一年（昭和三十六年）、岐阜県八百津町《やおつちょう》から愛知県南知多町にいたる一一二キロメートルの用水路、愛知用水が世界銀行の借款によってできたからである。

それまで知多半島には寒村があるだけであった。私が子供のころ、海水浴をするために、知多半島の野間（現在の愛知県知多郡美浜町）や河和《こうわ》（同）の漁師さんが営む民宿に親が連れていってくれた。井戸水は塩からくて飲料に適さず、飲み水は雨水をドラム缶に溜めて煮沸して利用していた。

古代も当然、水はなかった。その証拠に、三重県側は桑名から伊勢まで神宮の神領地も多く、無数の神社がある。繁栄していた。一方、知多半島西側には、ほとんど神社がない。人が住んでいなかった証拠である。

唯一の拠点である熱田には台地があって、渡しの神が自然に降臨し、やがて、そこだけが繁栄した。織田信長が熱田の海を支配したのも腑に落ちるだろう。はじめに神ありきではない。交通の要衝であったがゆえに、のちに神が下りてきたのである。

最後に、南の伊勢であるが、湾口部に位置しており、河内、大和、伊賀方面から関東に渡るにはいちばん便利な場所であった。伊勢から志摩を経て、答志島《とうしじま》から渥美半島まで海上距離にして一五キロメートルほどである。途中に神島《かみしま》がある。舟で湾を渡り、幡豆《はず》（現在の愛知県西尾市）、蒲郡《がまごおり》方面に上った。神島は三島由紀夫の『潮騒』で有名な島である。潮の流れを見るに重要な島であった。

ここでの航海は神島で汐待ちをすることもあったが、伊勢湾に流れ込む上げ潮に乗ると、知多半島の先端にある師崎《もろざき》水道を一気に走り抜ける。幡豆から蒲郡にかけてたくさんの神社があるが、どうやらそのあたりに着いたと思われる。すなわち、鳥羽、答志島、神島を経て、一～二日で簡単に三河湾に着いただろう。伊勢は、中世には三河、駿河、遠くは関東との交易拠点であった。

神島にある八代《やつしろ》神社の主祭神は、対馬の海神と瀬戸内海の綿津見命《わたつみのみこと》である。伊勢神宮の前に大きな湾があり、この湾の海の中の神社は、丹後、対馬、瀬戸内海から伊勢湾に多くの海人がやってきた証拠である。対馬や瀬戸内海の神々がやってきたと考えればロマンがある。蘇我氏が日本じゅうの航海神を数多く招聘《しょうへい》していたことが、これでわかる。

それでは、伊勢湾の海産物はいつごろ、奈良盆地に運ばれはじめたのか。『日本書紀』の宣化天皇の条に、夏五月の辛丑《しんちゅう》の朔《さく》（一日）に、（中略）「食《しょく》は天下《てんか》の本《もと》なり。（中略）蘇我大臣稲目宿禰《そがのおおおみいなめのすくね》は、尾張連《おわりのむらじ》を遣《つかわ》して、尾張国《おわりのくに》の屯倉の穀を運ばしむべし。（中略）阿倍臣《あべのおみ》は、伊賀臣《いがのおみ》を遣して、伊賀国《いがのくに》の屯倉の穀を運ばしむべし。（後略）」

（『新編 日本古典文学全集3 日本書紀②』小島憲之ほか校注・訳、小学館。表記は一部変更）

とある。

おそらく、先代の安閑天皇の時代に伊勢と大和の交易ルートができたと思われる。『日本書紀』では賢く、早い時期に重要拠点の伊勢湾にヤマトとの縁をつくっている。実際に、この時代に大勢の人間を伊勢から大和に移動させはじめたと考える。なぜか。第7章でその謎が解ける。それは朝鮮半島への傭兵の動員であった。

●――対馬、壱岐、そして丹後から伊勢へ向かう神々

『日本書紀』の神々は本来、日本海と琵琶湖、丹後を中心につながっていたはずである。ヤマト建国の歴史書がつくられたため、丹後から伊勢の道は文献では空白地帯になった。

だが、実際の神々はこの海路に降りていた。奈良盆地と琵琶湖、伊勢湾は国土としての生産性が違う。琵琶湖湖岸は現在でも二〇〇キロメートルの長さ(当時はもっと長かった)があり、湖岸周辺には沃野が広がり、奈良盆地の奥の磐余周辺とは生産性がまったく違う。そこに気づかなければならない。

『日本書紀』の神々はどこにいたのか。いままで取材でお目にかかった伴とし子氏や河原継雄氏の話をまとめると、火明命は丹後に天孫降臨した。伊弉諾、伊弉冉の国生みの物語は天橋立から始まる。

元伊勢籠神社から見える天橋立には、二人の神が天から降りてきた階段であるという言い伝えがある。天照大神が水を飲み、霧を吹いた眞名井の井戸は、この元伊勢籠神社の裏の奥宮、眞名井神社にある。

近くの若狭の若狭彦《わかさひこ》神社には、海彦・山彦の説話で有名な山彦の火遠理命が鎮座している。そして、琵琶湖を渡って彦根に着くと、伊弉諾、伊弉冉を祀る多賀大社がある。『日本書紀』に書かれた神々は、実際には日本海から琵琶湖周辺に鎮座していた。この付近の豊かな海湖が日本の古代の神々をつくってきたと考える。

日本海側の福井県小浜市から、山越えで琵琶湖に渡れる高島市は、近江の歴史をつくってきた町である。高島は琵琶湖の湖西の中央部から、米原、近江八幡、草津を睥睨でき、ほぼ一日で琵琶湖のどこにでも航海できた。

　米原から東に向かうと陸路で関ケ原を越えるが、関ケ原・不破の関には伊弉冉の子、金山彦命《かなやまひこのみこと》がいる美濃一宮の南宮《なんぐう》大社がある。そこを下ると岐阜県大垣市から海に出て、尾張一宮の真清田《ますみだ》神社に舟で着く。ここの主祭神は元伊勢籠神社と同じ天《あめの》火明命《ほあかりのみこと》である。さらに南に下り、熱田に着く。熱田神宮も昔は火明命であったが、『日本書紀』によって画策された日本武尊が登場してにぎやかな神々になる。

　このように、伊弉諾、天火明命でつなぎながら伊勢の天照大神まで神社でつながっているが、一つ一つの神社の距離が水路の旅の一日の行程であったと考える。

では、神々はいつごろから、日本海から伊勢に旅を始めたのだろうか。

大垣市西部の荒尾南遺跡から、オールのある船一隻、帆掛け船二隻の画が描かれた弥生時代後期の土器が見つかっている。第1章を思い起こしていただこう。祈禱師の卜骨の遺跡は、國分篤志氏らの研究によれば、弥生時代の遺跡として伊勢湾から関東の沿岸まであるという（國分篤志「弥生時代～古墳時代初頭の卜骨」千葉大学人文社会科学研究科研究プロジェクト報告書）。

　これは何を意味するか。弥生時代までに西から東への神々の道はあったのである。『日本書紀』が編纂される以前は、伊勢まで天照大神と豊受大神の版図、いいかえれば、蘇我一族が日本海、瀬戸内海の海人たちとともにこの地を治めていたと考える。伊勢から東に渡るために、航海神がこの広い海に多く降りていたのである。

第6章 ようやく開かれた八世紀、瀬戸内海

●——神武東征は虚構だった!?

瀬戸内海の厳しい瀬戸を、卑弥呼の時代に小舟の軍団で通ることがむずかしいことは第1章で詳述した。刳り船で長い旅はできない。当然、それより前の神武天皇も通っていないことは明らかで、説明を要しない。吉備氏の乱もない。兵站輸送を考えない戦争は無理であり、フィクションであることはすでに説明した。

これについては、『日本書紀』にも「通っていない」という決定的な記述がある。神武東征の瀬戸内海の航行部分を省いて、大阪湾に着いたところをよく見よう。

大阪湾に着くと、浪速という速い潮流に乗って河内国《かわちのくに》草香村の白肩津《しらかたのつ》(枚方港《ひらかた》)に着く。そこに長髄彦《ながすねひこ》の軍勢が待ちかまえ、神武天皇の兄、五瀬命《いつせのみこと》は流れ矢に当たったとある。

つまり、『日本書紀』では白肩津で戦ったとあるが、これは河内湖の陸化が進んで草香江《くさかえ》(河内湖がしだいに小さくなった時代の呼称)が消滅する直前の時期と、枚方港ができる時期が重なる、かなり限られた時代である。少なくとも卑弥呼の時代からかなりあと、四〜六世紀の地形を描いている。神武天皇が即位した紀元前六六〇年から退位した前五八五年までの期間の東征なら、この戦場は千年前は河内湖の中である。明らかに史実ではない。

「そんな細かいアラを探して意味があるのか」と思われる方もいるかもしれないが、これは重要な点である。ヤマト王権だけでなく、瀬戸内海に軍団で船を出し、交易を始めるまでには、気が遠くなるような時間がかかっているのである。

第2章で詳述したことのくりかえしになるが、三世紀の卑弥呼の特使も瀬戸内海を通らなかった。紀元前の神武東征、神功皇后の遠征も当然ありえない。海路がなかったからである。

私が「瀬戸内海は通れない」と言うまでもなく、野山を棍棒《こんぼう》と石器で鹿や猪を追いかけていた縄文時代に、神武東征があったと信じる人は少ないだろう。では、東征が虚構であったとすれば、皇室の系統は切れてしまうのではないかという一大問題が起こる。

だが、安心してほしい。丹後には、いまは伊勢神宮外宮に移られている豊受大神を祀る丹後一宮元伊勢籠神社がある。すなわち、丹後を中心に、対馬、壱岐から伊勢湾まで海路でつながっているので、心配する必要はない。天照大神、卑弥呼、武内宿禰の倭国が日本海側の海路でしっかりつながっている。

さらに、この国を支えてきた日本海の王、蘇我氏がいる。この一族も皇室の系統である。また、実在する第二十六代継体天皇も日本海（福井）から登場している。

では、瀬戸内海はいつごろから通れるようになったのか、旅を続けよう。

●――「航海神」大山積神が助けた瀬戸の難所

瀬戸内海は東西四〇〇キロメートルの地中海性気候の穏やかな海である。たやすく航海ができるという先入観があるが、すでに第2章、第3章で多くの紙数を割いて説明してきたように、これは大きな誤りである。

瀬戸内海には大畠瀬戸、来島海峡、明石海峡など、瀬戸と呼ばれる狭水道があり、これらの場所では人間の漕ぐ速度の数倍の潮流がある。難儀することは、卑弥呼の特使、難升米の旅で説明した。その時代、瀬戸のゆるやかな場所を通ろうとすると、岬や島陰の高地性集落から矢を射かけられたであろうことも説明した。さらに、瀬戸内海には水や食料を得られる島々が少なく、慎重に場所をつないでいく必要があった。

後世には、宿や食事を提供する港をつなぎ、潮の流れにうまくつきあうこととなった。いわゆる、北前船の時代の汐待ちである。「待てば海路の日和あり」の諺どお

図6–1　大三島にある大山祇神社

提供）公益社団法人今治地方観光協会

り、数多くの港をつないであせらずに進んだのだろう。

地元の人びとに助けられる旅が続き、大阪湾から下関まで一、二カ月はかかる。このような難所では、船の運航、操舵を助ける専門職が登場することも述べた。このあたりは多くの本に書かれているので割愛する。

いちばん流れの速い来島海峡に近い大三島は、島内を川が流れ、水が湧く数少ない島の一つで、いつしか、ここには渡しの神という集団が現れた。やがて、御島《みしま》と呼ばれるようになり、御島（三島）→大三島になった。そして、神となった集団が、大三島に住む大山《おおやま》積神《づみのかみ》（大山祇命《おおやまづみのみこと》）である。三島という名は三つの島ではなく大山積神に由来する。この神が瀬戸内海の航路のカギである。

『伊予国風土記』の逸文に御嶋の条がある。

> 乎知《おち》の郡《こおり》。
> 御嶋《みしま》。
> 坐《ま》す神の御名《みな》は大山積《おおやまつみ》の神《かみ》、一名《またのな》は和多志《わたし》の大神《おおみかみ》なり。
> （『新編 日本古典文学全集5 風土記』植垣節也校注・訳、小学館。表記は一部変更）

「和多志」は、「渡し」という意味だ。

『日本書紀』には、宗像大社の宗像三女神と同じように、航海の神として大山祇命が登場する。ヤマト王権は七世紀末、瀬戸内海交易のカギとなる大三島の重要性を知っており、大山祇命を神の座に祀り上げたと考える。ヤマト王権はこの海に軍を進めるために、のちの平清盛や豊臣秀吉がそうであったように、渡しの神の助けを必要とした。

それでは、渡しの神が降臨し、芸予諸島の瀬戸を船が通りはじめたのはいつか。

それは、鉄が通りはじめたのと同じ時期だと考える。すなわち、西瀬戸内海で船が通りはじめたのは四世紀ごろであろう。卑弥呼の時代ではない。

●——四世紀、瀬戸内海経由でヤマトまで鉄が運ばれはじめた

海路という切り口で見ると、鉄器が大阪湾周辺に到達する時期については、いままで説明してきたように三つの時代がある。

一つめは、一世紀ごろ、日本海側の兵庫県豊岡市の円山川から山越えで、加古川、中川流域を下り、淡路島の五斗長垣内遺跡に鉄が入った時代である。垂仁天皇のとき、播磨灘にやってきた新羅の王子、天日鉾命の物語と深く関係していると考える。ちなみに、この遺跡は二世紀に百年足らずで閉鎖された。遺跡の位置は播磨灘に面しているが、淡路島の東岸で舟を出せば一日で摂津、河内から和泉の浜に着く。だが、なぜか奈良盆地には鉄器は届いていない。

二つめは、第2章で述べた卑弥呼の時代に届いた鉄の話である。三世紀半ばといわれているホケノ山古墳、黒塚古墳で鉄器が出土し、卑弥呼が奈良盆地にいた証拠とされている。

しかし、広島大学の野島永《のじまひさし》教授らが最新の炭素14で行った年代測定によって、全国の古墳の年代がかなり正確にわかってきた。そして、この調査によって、ホケノ

山古墳はいままでの定説よりも五十年ほど新しい、三世紀後半から四世紀前半の古墳であることがわかった。

以上から、奈良盆地に鉄がはじめて入ってきたのはどうやら四世紀前後で、しかも日本海からということになる。卑弥呼の時代ではないようだ。なぜ、日本海からか。当時の刳り船では瀬戸内海を航海できないことは第2章で説明した。だから、これらの古墳の鉄は、日本海から山越えをして入ってきたものと考えざるえない。

三つめは、第7章でくわしく説明するが、四世紀末から突然、膨大な鉄器や武具が現在の堺市から藤井寺市にかけての泉北丘陵の百舌鳥・古市古墳群に登場する。前に述べたように、渡しの神の協力があり、この時代からはじめて船団が瀬戸内海を渡ってきた。時期的に日本海側の山越えの鉄より、少し遅れてきた。そして、この鉄も大阪湾口から入ることができず、住吉津にまわるしかなかった。

海路から見て、奈良盆地になかなか鉄が入らなかったのは、どうやら大阪湾口がむずかしくて出入りできなかった難波津に苦労したからと考える。難波津のこの苦労については、次節でくわしく述べる。

卑弥呼の時代の埋没しつつある河内湖、いいかえれば、誕生しつつある大阪平野をあらためてくわしく見てみよう。海路という視点から図6-2を見ると、卑弥呼

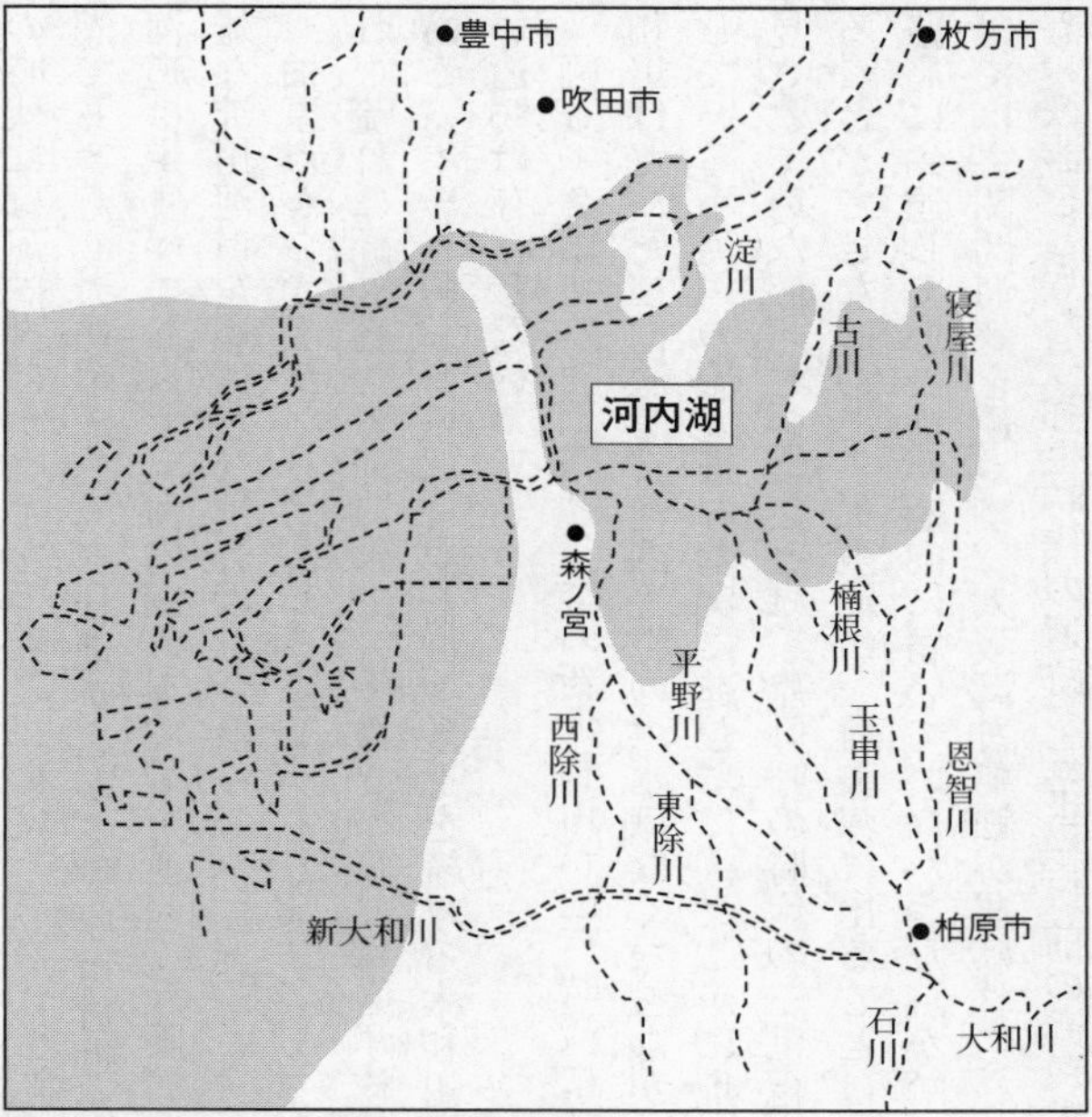

図6-2　卑弥呼時代の河内平野と大阪湾

出所）大阪ブランド資源報告書（大阪ブランドコミッティ）
参考）橋爪紳也著『「水都」大阪物語』（藤原書店）

の時代には河内湖は小さくなったとはいえ、現在の大阪市の大部分が入る大きさの湖であった。大和川河口の扇状地が広がる柏原《かしはら》市付近から幾筋かの水路があった。河道は定まっておらず、河内湖の湿地帯を通って大阪湾に出るためには、流れの複雑な淀川河口を通過しなければならない。

柏原市から大阪湾口（豊中市から吹田市）までは二〇～三〇メートルだが、潮に流され、流れに翻弄《ほんろう》される河口部で、手漕ぎの舟には必ず汐待ちと一泊の船宿が必要である（第1章参照）。だが三世紀には、前進を続ける大和川デルタで舟をとめる宿らしい遺跡は存在しない。

図6－2にある放水路としての新大和川が江戸時代にできる（一七〇四年）まで、大和川はたびたび氾濫し、河内平野の洪水はなくならなかった。このような枝分かれしている小河川の湿地帯を確実に進むには、どこかに舟宿がなければならないが発見されていない。ということは、卑弥呼の時代の三世紀には、河内湖内で舟をとめることができないので、大阪湾口、難波津に出ることはできなかった。一世紀に淡路島に到達していた鉄が纏向に届いていなかった謎が解けた。

では、関門海峡を通って、大阪湾まで鉄が運ばれてきたのはいつか。考古学的にも、鉄器をともなう弥生時代の遺跡が五世紀以前の瀬戸内海沿岸に少ないことから、私は、鉄は芸予諸島周辺でいったんとどまるにちがいないという仮説を考えた。そして、芸予諸島の遺跡について、岡山県立図書館や今治市文化財課、大山祇神社、村上海賊ミュージアムをたずねて調査した。大山積命が鎮座したという大三島、つまり船が通れば必ず鉄器を残していく島があると見当をつけて、周辺を調べた。まちがいなかった。瀬戸内海の島に鉄の遺跡が発見されたのは、大三島の南にある大島の火内《ひない》遺跡、大三島東側の今治市の多々羅《たたら》古墳という四世紀の古墳で、それより前の鉄器がある遺跡はないことがわかった。日本海側では、紀元前から鉄器の遺跡が点々と東に向かっているが、瀬戸内海はようやく四世紀になってからだということがわかった。

琵琶湖や淀川流域の古墳から出土する鉄器は、すでに日本海側から山越えで運ばれてきた。やがて、四世紀末から大量の鉄器が船で瀬戸内海を西から東へ移動し、住吉《すみのえ》の浜に到着、百舌鳥・古市古墳群から大量の鉄が奈良盆地に入りはじめたのである。この話は第7章でくわしく述べる。

●――大阪湾がにぎやかになるのは五、六世紀

四世紀末から突然、大阪湾南部の住吉の浜に百舌鳥・古市古墳群ができはじめる。

同じ時期に、淀川・木津川流域に継体天皇の墓とされる太田茶臼山古墳《おおだちゃうすやま》、恵解山古墳《いげのやま》、芭蕉塚《ばしょうづか》古墳、そして分水嶺を越えて佐紀盾列《さきたたなみ》古墳群が登場する。大阪湾南部は瀬戸内海経由で、淀川・木津川は丹後、舞鶴など日本海経由で渡来人がやってきた。

『日本書紀』に書かれている歴史は、じつは同時進行で進んでいた。琵琶湖の周辺にも、四世紀後半から皇子山《おうじやま》古墳、荒神山《こうじんやま》古墳、茶臼山古墳が登場する。全体を俯瞰すると、瀬戸内海、日本海の山越えルート、琵琶湖も舟運路をつなぐように豪族の古墳がつながっていく。近畿地方の交易路が四世紀末から五世紀にできあがったと考える。

すべての古墳の副葬品がそうではないが、五世紀になって、それまでの鏡や祭器などを中心としたものから、鉄製の武器、刀剣、甲冑に代わっていく。朝鮮半島の騒乱が引き金になって、大勢の渡来人が大量の鉄をもってきたのだろう。

門脇禎二氏は、前出『日本海域の古代史』のなかで、「六世紀ごろ丹後王国が衰退する。その原因は戦争である」としているが、私は、大量に渡来した鉄器によって鉄市場が大きく変わり、衰退したと考える。丹後のシェアが落ちたのは、輸入された鉄の素材を加工する鍛冶工房が各所にでき、安価に供給できるようになったと考える。よく知られているところとしては、大阪府交野《かたの》市の私部《きさべ》南遺跡、森遺跡、柏原市の大県《おおがた》遺跡がある。

滋賀県文化財保護課の大道和人氏によると、三世紀末から五世紀にかけて、県内には稲部遺跡など小鍛冶と呼ばれる鉄の鍛造加工場（丹後と同じような加工場）があったという。六世紀以降、高島から比良山系（滋賀県高島市）にかけて、現地の鉄鉱石や砂鉄を材料にして精錬を行う大鍛冶の遺跡が登場する。

大和川に目を転じよう。この川を舟で通れるようになって、大阪湾が発展する。それは五世紀後半ではなかったか。舟が通った支流は定かではないが、難波津の元になった法円坂《ほうえんざか》遺跡ができ、大阪湾口からいまの天王寺、難波の四天王寺付近を経由し、舟が大和川をさかのぼりはじめたと考える。

そして、奈良県斑鳩町の法隆寺、明日香村の飛鳥寺の建設に結びつく。繁栄した時期は六世紀後半から七世紀で、欽明天皇から推古天皇の時代と一致する。ただ、小舟しか入れなかった。これが難波津と大和川の限界であった。百舌鳥・古市古墳群から二百年後のことである。

鉄の遺跡から見ると、五世紀には大阪湾が中心となった。少し遅れて、近江である。奈良盆地には南郷遺跡など遺跡がいくつかあるが、数は少ない。

なぜ、近江や奈良盆地は遅れたのか。今後の研究が必要であるが、大阪湾には日本海側と違って、伽耶、百済の鉄関係の技術者が大挙して渡来してきた。さらに、もちこんだ刀剣、甲冑は、農具や工具に加工しても余る量で、各地で鍛冶工房ができた。そして、輸送に便利な場所であったと考えられる。

大阪湾と近江、奈良盆地を結んだのが輸入された馬で、枚方が中心となる。高槻市立今城塚《いましろづか》古代歴史館がまとめた『三島と古代淀川水運Ⅱ』によれば、継体天皇の陵墓といわれている今城塚古墳付近に筑紫津《つくしつ》という港があり、右岸の枚方市にも港ができていたという。高槻の大地で大きな集落をつくり、開発を始めていたようだ。

当時、枚方や高槻は河口であったと考える。じつは、感潮域（河川などが潮の満ち引きの影響を受ける場所）で自然に潮が満ちてくれば、舟をここまで上げてくれた。当時の地形を見ると、卑弥呼の時代より河口は前進して枚方に洲ができ、大和川からも大量の土砂が押し寄せて、小さな湖、草香江ができていた。

時計まわりに、淀川右岸から大阪府豊中市、吹田市、摂津市、高槻市、左岸に移って枚方市、交野市、四条畷《しじょうなわて》市の山麓がつながり、鉄は舟と馬で運ばれるようになった。枚方から南の山を越えると、すぐに奈良盆地である。

五世紀、当時は淀川河口であった枚方、高槻のほか、法円坂に大きな港ができたことで大阪湾と畿内がつながり、繁栄が始まった。水路として大阪湾、京都、奈良

がつながったのである。枚方がある当時の淀川河口と法円坂の港は約二〇キロメー

トル離れていた。潮に乗れば、法円坂から枚方まで一日で着ける距離である。この

港ができなければ、瀬戸内海（大阪湾）から山城や近江にはうまく入れなかったので

ある。

法円坂の港は上町台地の北端に位置し、海の中の岬の先端というべき場所であっ

た。巨大な柱でできた数多くの倉庫群が遺跡として発掘され、難波津の起源ともい

われている。また、ここは、難波宮、難波長柄豊碕宮、石山本願寺、大阪城がつく

られたのとほぼ同じ場所であり、現在も大阪の中心になっている。『日本書紀』に出

てくる難波津も、この付近であったと考えられる。

河内湖周辺のマチから、この港に多くの物資が集まり、広く商いが行われたと推

察できる。その時代の港の繁栄のさまが目に浮かぶようだ。だが、この法円坂の港

は、難波津が『日本書紀』に登場するときには歴史から消えてしまった。なぜ、消

えたのか。

ここで、この港が消えた原因にたどりつくヒントを教えてくれる説話がある。枚

方の港ができる百年ほど前に、大阪市旭区から寝屋川市あたりまで淀川左岸に長い

堤防がつくられた。『日本書紀』に出てくる、第十六代仁徳天皇がつくったという茨《まん》

田堤《だのつつみ》である。

だが、枚方（樟葉《くずは》）付近に港ができたのは第二十六代継体天皇の時代で、五世紀である。南西には河内湖が狭まり草香江になりつつある時代、南側には淀川の河口のデルタから広い水路があった。それより百年前の仁徳天皇の時代の茨田堤は、図6－2にあるように河内湖がまだ広がっていた時代である。

つまり、枚方に港ができる以前に、河内湖の中に海の中道のような堤をつくることになる。識者はこれを治水工事といっているが、人が住めない湖の中、湿地帯の工事とはまことに不思議である。

淀川と大和川の土砂堆積の変遷と二つの河川港の位置関係から見て、次のようには考えられないだろうか。まず、枚方に港が先にできていた、その後、法円坂の港ができた。しかし、大和川の流下土砂によって、二つの港を結ぶ航路にやがて支障ができてきた。

そのため、航路維持の目的で淀川左岸に茨田堤をつくった。五世紀末から七世紀の導流堤（河口部などで流水の方向や速度を調整し、土砂の堆積などを防止する堤）工事で、それを仁徳天皇の事績にしたと考える。だが、大和川の激しい流れが河口を前進させ、やがて法円坂は土砂で埋まってしまったと考える。難波津も同様に難儀することになる。くわしくは次節で説明する。

『日本書紀』に書かれている淀川周辺の出来事を時系列で並べると、不思議なことに気づく。本章の冒頭で紹介したように、実際は継体天皇の前後の時代であろうか、大阪湾が繁栄しはじめた時期に枚方港と草香江付近ができる。そこを舞台にして、大阪に上陸した神武天皇が長脛彦と戦っている設定になっている。

その後、航路維持の導流堤として茨田堤と堀江の建設が行われたが、継体天皇より十代前の仁徳天皇の事績であるという。港と導流堤が逆転しているのである。もう少し詳細に研究しないとわからないが、海路から見ると『日本書紀』の歴史の時間軸が大きくねじれていることが感じられるのである。

●――挫折した難波津の港づくり、住吉の浜が外港に

六世紀中ごろから七世紀初頭まで、藤ノ木古墳に勝るとも劣らない副葬品が出土する古墳が、巨椋《おぐら》池付近の山城盆地（京都盆地）に数多く出現している。京都府向日《むこう》市の物集女車塚《もずめくるまづか》古墳、長岡京市の井ノ内稲荷塚古墳が代表的である。金銅製冠、飾り太刀、馬具、韓国の土器などが出土している。時代としては、欽明天皇から推古天皇の時代であり、藤ノ木古墳と一致する。

では、どこから運ばれたか。京都府宮津市の野田川、舞鶴市の由良川から分水嶺の綾部、福知山、亀岡を通って、桂川から巨椋池を中心とする山城が拠点になった。枚方が中心となったことは前に述べたが、大船が入れる港ではなかった。『日本書紀』によれば、継体天皇は近江毛野《おうみのけぬ》を将軍として六万の軍隊を送ったとある。兵の数はともかくとして、どこから軍を送ったのか。だれもが素直に枚方をイメージし、瀬戸内海と考えている。私も枚方から出航したと考えた。だが、あとで説明するが、ヤマト王権には大型の軍船をつくる技術はなかった。小舟の艦隊では、前に卑弥呼の特使の話をしたが、この時代の瀬戸内海を航行するのは不可能である。軍を送ったとすれば、日本海である。

ヤマト王権のいちばんの課題は、大船が入れる難波の港づくりであった。乙巳の変の根っこはそこにあったと考える。実際、第三十六代孝徳天皇は難波津に大船が入る港をつくろうとした。そのため、大化元年（六四五年）十二月、飛鳥板蓋宮《いたぶきのみや》から難波長柄豊碕宮《なにわのながらのとよさきのみや》に遷都した。

蘇我氏を滅ぼした中大兄皇子と中臣鎌足は、このとき念願であった大阪湾進出を進めた。埠頭や倉庫をもつ都を完成させるため、難波宮へ遷都したかった。壮大な難波宮時代が到来する計画を進めたが、縷々《るる》述べてきたように、流れの速い淀川河口に港をつくることは、当時の技術ではむずかしかった。難波津の港は夢の世界に終わった。

その時代では解決できない技術的な課題が二つあった。

一つは、淀川の流れがより複雑になったことである。乙巳の変の前後、難波宮が提案されはじめた時代には、継体天皇の時代より淀川河口が一〇キロメートル以上も前進していた。

河口がいまの梅田、大阪城付近の上町台地の先端とぶつかり、河口部が狭隘《きょうあい》になったこともさることながら、洪水のたびに土砂を堆積させた。潮の干満と川の流れも複雑かつ速くなった。難波津に入る船は難儀したのである。法円坂遺跡が消えた理由と大阪市の市章が澪標《みおつくし》という理由が、ここにある。

もう一つは、軟弱地盤である。その後、天保山《てんぽうざん》埠頭の建設が始まり、桟橋を包み込むように、長い二本の防波堤がつくられたが、防波堤は石を入れても入れても沈んでいった。日本の港のなかでも、もっとも軟弱な地盤の上につくられた港の一つであった。

ましてや七世紀ごろの技術で軟弱層の上に構造物をつくることは、不可能であった。どんなに杭を打っても、構造物を支えることはできなかった。時代が変わって近代オランダの治水・港湾技術をもってしてもなお、淀川と大阪湾の改修は苦労した。

七六二年、安芸国《あきのくに》から淀川河口に到着した遣唐使船が難波津で座礁し動けなくなるような事件も発生する（『続日本紀』天平宝字六年四月丙寅条）。また、七九四年に平安京への遷都が行われたさい、淀川筋にバイパスをつくることで、かろうじて都への水運路（現在の神崎川）が保たれ、京へ物資を運ぶシステムは維持された。

●――造船所をもっていなかったヤマト王権

応神天皇のとき、武庫《むこ》（現在の兵庫県尼崎市）の港でたくさんの船の火災があったという記述が、『日本書紀』にある。三世紀から四世紀にかけて、諸国で五〇〇隻の船が献上されたといわれているが、当時、大阪湾にそんな大きな港があったとは考えられない。

『日本書紀』の欽明天皇十四年（五五三年）の条に、蘇我稲目が勅命を受け、王辰爾《おうしんに》を遣わして船の賦《ふ》を記録させたとある。このときの功績によって、王辰爾はのちに船史の姓（いまでいう海運大臣）になった。

また、敏達天皇元年（五七二年）の条には、王辰爾がだれも読むことのできなかった高句麗の上表文を解読したことにより、敏達天皇と蘇我馬子から賞賛されたとある。上表文はカラスの羽に書かれており、そのままでは読めないようにされていたが、湯気で湿らせて布に写し取るという方法で解読したという。『日本書紀』に欽明天皇が王辰爾を遣わしたとあるのは、ヤマト王権の海運が難波津に進出したと錯覚させるためである。難波津への思いを込めた説話で、日本海側にあった蘇我王国の敦賀や丹後の港の実話ではなかったか。

造船所をつくるスペースはある、という議論がある。住吉津は船を揚げられるし、造船ができる浜が広がっていた。江戸時代の北前船は、冬場にこの地でつくられ、春先に帆を揚げて出航していった。したがって、遣隋使船や遣唐使船も、当然、住吉の浜でつくられ、住吉大社で住吉大神に出航祈願をしたのちに、関門海峡を通って東シナ海へ向かったのだろう、と私も昔は簡単に考えていた。

だが、どうも現実は違うようだ。江戸時代に作成された広島浅野家の『芸藩通志』によれば、「倉橋島に古より船匠多くあり、大小諸船を造る。古昔遣唐使船、皆此国に命じて造らしめる事、史策に見えたり。此島、今に至りて盛にこの業を伝る」とある。

つまり、遣唐使船がつくられたのは大阪湾ではなく、広島県倉橋島の鹿老渡《かろうと》だったという。安芸灘と伊予灘を睥睨できる、地の利があるこの島で秦氏が船をつくっていたのであろう。

乙巳の変から五年後の六五〇年、倭漢直県《やまとのあやのあたいあがた》らを安芸国に遣わし、百済船二隻をつくらせたと『日本書紀』にある。はじめて建造された大型の船だったのだろう。安芸国で建造したのは、瀬戸内海の難所である明石海峡や芸予諸島などの潮の速い瀬戸を、千石船のような大きな遣唐使船や廻船で通ることがむずかしかったのが最大の理由だが、当初は熟練した船乗りを大阪湾に集められなかったとも考えられる。やがて大阪湾から出るようになったが、くわしくは第8章で説明する。

●――八世紀、行基上人が開いた明石海峡・摂播五泊

明石海峡は、淡路島と兵庫県明石市のあいだの幅約四キロメートルの海峡である。大潮のときには最大時速一三キロメートルを超える。川のような流れの潮の影響を数十キロメートルにわたって受けた。近郷近在の小舟は、潮を見て浜に揚げながら漕ぎ進んだ。それをくりかえすことで、比較的容易に明石海峡を航行することができた。

四世紀後半から五世紀には、現在の兵庫県神戸市にある五色塚古墳が明石海峡の

航海を助ける渡しの神であったと考える。この古墳は海峡を睥睨し、総石張りがひときわ目立ったという。

八世紀になると、米や大仏の銅塊を輸送するニーズが生まれ、大型船を通す必要が出てきた。都に大量の米を運ぶには、大型船が安全に航行できる航路の整備が不可避となった。

それまでの播磨灘と大阪湾の大型船の海路はどうだったか。通れなかったわけではない。淡路島と四国を結ぶ鳴門海峡を経由して、和歌山と淡路島を結ぶ紀淡海峡から入ったほうが安全で楽であった。

淡路島の南端、もしくは徳島県の北端から大阪湾に入る場合、東流れの潮に一気に乗って鳴門海峡を抜け、和歌山湾に出て、次に北向きの潮に乗って紀淡海峡から大阪湾に入れば、一日か二日で住吉の浜（現在の関西国際空港付近）に着く。ひと言でいえば、潮を利用して淡路島南部を半周する海路である。潮の流れがなせる便利なルートだった。現在も潮流の関係で、大阪湾に注ぐ河川から流入する大量のゴミが洲本市の海岸に漂着しているのが、その証左である。

この海路を支えてきた多くの遺跡がある。徳島県側の代表的な遺跡は大代《おおしろ》古墳である。百舌鳥・古市古墳群ができたのと同じ時代で、出土した副葬品も同じである。

また、大阪府和泉市と泉大津市にまたがる池上曽根遺跡が大阪府を代表する遺跡とされているのは、古い時代から淡路島や四国に渡る拠点だったからと私は考える。だが、池上曽根遺跡を大阪湾の中枢港湾と考えている人はいない。

一方、明石海峡には、大型船が潮間を待つ場所がなかった。そのため、海峡に沿って五つの港が整備された。現在の尼崎から、たつの市まで八〇キロメートルの短い海峡に、これほど多くの港が必要であったか。人間が漕ぐ速さが三、四キロメートルであり、逆の潮だと船をとめて待たなければならない。さもないと逆もどりしてしまう。

そのため、摂津、播磨に汐待ち港を整備し、汐待ちして尺取り虫のように進む工夫をした。すなわち、淀川河口・尼崎の河尻泊、神戸の大輪田泊、明石の魚住泊、姫路の韓泊、現在のたつの市にあたる室生泊である(図6-3参照)。いわゆる摂播五泊である。

奈良時代の僧、行基は十五歳で出家後、多くの著名な渡来人から土木、造船、建築の技術を学び、生涯において四九の寺院、無数の橋梁、ため池の建設を行った。まさに奈良時代のスーパースターである。行基は土木事業のなかに「利他行《りたぎょう》」という精神を見出し、その考えで港をつなぐという思想を導入して瀬戸内海のシステム

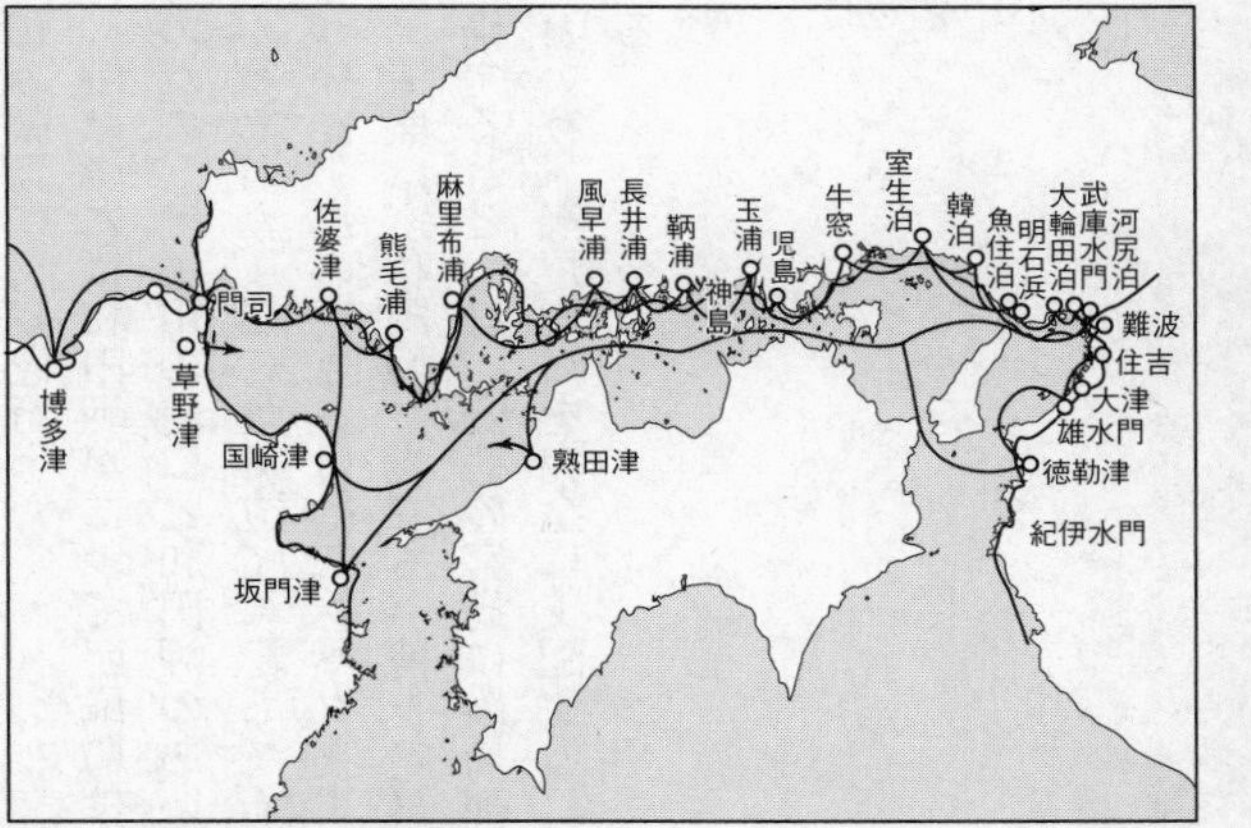

図6-3　中世の瀬戸内海航路

出所）長野正孝編著『広島湾発展史』（中央書店）

をつくり、都への糧道確保に貢献したのである。

時が移って平安末期、平清盛はこの行基の港の一つ、大輪田泊を改修して日宋貿易を始め、神戸港の礎《いしずえ》をつくったとされている。しかし、その目的は、行基が行った公益・利他というより私利であった。行基の時代は遣使船と数えるほどの官船しかなかったのに対し、清盛は無数の船を駆使して国内物流や日宋貿易などすべてを支配した。そのために福原に都を移したのである。平家による西国の荘園支配が進むと、貢米、海産物、木綿などの物資は資源基地である難波津には入れず、福原などで積み替えて交易を行った。

港は西には和田岬があって西風には安全だったが、東風には無防備であった。そのため、旧湊川の河口と和田岬のあいだに人工島を築き、安全な泊地をつくる工事が行われた。この埋め立てに際して石に経文を書いて沈めたことで、経ヶ島《きようがしま》の名がついた。島の大きさは約三六ヘクタールといわれる大規模なものであった。

清盛は、和田岬に先立ち、博多の筥崎《はこざき》八幡宮の前面に、同様の埋立地と泊地を整備するとともに、安芸の宮島に嚴島《いつくしま》神社を建立し、さらに音戸の瀬戸をも開削したという。瀬戸内海を完全に支配することで、藤原氏の摂関時代を終わらせたのである。

第7章

海路から解けた百舌鳥・古市古墳群の謎

●――だれも説明しようとしない謎の古墳群と大量の武器

百舌鳥・古市古墳群は、大阪府堺市、羽曳野《はびきの》市、藤井寺市にある古墳群の総称で、二〇一九年に世界文化遺産に登録された。

ここにはエジプトのクフ王のピラミッド、中国の秦の始皇帝陵という二つの世界遺産と並び、世界三大墳墓として世界的に知られる大仙陵《だいせんりょう》古墳（仁徳天皇陵）をはじめ、多くの古墳がある。大仙陵古墳は長さ四八六メートル、高さ三五・八メートルと圧巻の大きさである。

堺市の百舌鳥古墳群には、この大仙陵古墳のほか、ミサンザイ陵（履中《りちゅう》天皇陵古墳）、ニサンザイ古墳、御廟山《ごびょうやま》古墳など四四基がある。藤井寺市と羽曳野市にまたがる古市古墳群には、誉田《こんだ》御廟山古墳（応神天皇陵）、仲姫命《なかつひめのみこと》陵《りょう》古墳、仲哀《ちゅうあい》天皇陵古墳、野中古墳、墓山《はかやま》古墳など八七基がある。

この二つの古墳群については、前者は堺市の海岸近く、後者は大和川の河口近くと、東西に一二キロメートル離れて狭い範囲に固まっているのが特徴である。

多くの人が疑問をもっていることがいくつかある。河内平野約一六〇〇平方キロ

図7–1　百舌鳥・古市古墳群（大仙陵古墳）

提供）堺市

メートルのなかで、この限られた泉北丘陵の一部に、四世紀末から六世紀初頭までのわずか百年あまりのあいだに、なぜ、巨大古墳が次々と現れたのか。

この巨大な古墳を造成するために、膨大な労働力を要したことがわかっている。そうまでして労働力を投入した理由はなぜか。ちなみに、世界最大の大仙陵古墳については、大林組が当時の土木技術で建造するシミュレーションを行っている。その結果、一日二〇〇〇人で延べ六八〇万人、工期は十五年八カ月という試算がなされている（「季刊大林No.20『王陵』」大林組）。

しかし、数千、数万人の人びとが宗教遺跡の建設だけでは食べていけない。

では、その生業《なりわい》をどうしたのか。どこにも書かれていない。壮大な建造物であるにもかかわらず、これらの古墳群については、ほとんどわかっていない。わかろうとすることが善ではないらしい。

現在ある巨大古墳の多くは、江戸時代からの研究によって天皇陵に比定されてきた。また、なかには明らかに埋葬者がいない古墳もある。どうしてか。

鉄器についてもそうである。いまから約三十年前に著名な古代史の先生方がまとめた『古代を考える 古墳』（白石太一郎編、吉川弘文館）の「武器・武具と馬具」のなかで、筆者の穴沢咊光《あなざわわこう》氏と馬目《まのめ》順一氏が次のように記している。

筆者の知っているある西ドイツの考古学者は訪日中、さる博物館で（中略）五世紀の「黄泉国《よみのくに》の武器庫」から出土した大量の甲冑・武器を見て驚嘆し、「これだけのものを作る鉄の地金をいったいどうやって手にいれたのか？」と叫んだという。残念ながら、この、もっとも素朴な質問にたいしてはまだ完全な回答ができないのが現状である。

日本のどこでつくられたのか、輸入されたのかは、三十年前は謎であった。しかし、それから約三十年後、大阪府立近つ飛鳥博物館は、「二〇一〇年度秋季特別展」として、『鉄とヤマト王権』という図録を出版している。図録では、百舌鳥・古市古墳群だけでなく、五世紀の藤井寺市のアリ山古墳、野中古墳、奈良市の大和六号墳など、大量の武器が出土している有名な古墳を紹介している。

だが、この図録でも、これらの古墳群から出土する大量の武器が、日本のどこで、どのようにつくられたか、だれも何も書いていない。いまも謎である。どうも知っていながら、疑問に思うことを避けているようでもある。オーバーな言い方をすれば、現代の大型貨物船に積めるくらいの膨大な量の武器の出所がわからないというのである。

当時、瀬戸内海にも九州にも大量の鉄を供給できる鉱山はない。精巧な武具をつくれる工場もない。大和から運ばれたわけではない。天から降ったわけでもないし、地から湧き出たものでもない。わからないわけはない。なぜか、みなが口をつぐんでいる。

対馬海峡を越えた朝鮮半島の釜山空港に近い国立金海博物館をたずねると、同じような武器、甲冑がずらりと並んでいる。日本海側にも、鳥取から石川まで同じような数多くの甲冑の出土がある。輸入品でないという説明がむずかしい。

結論として、四世紀後半以降、高句麗や新羅に追われた滅亡寸前の任那、百済などの遺臣や移民が朝鮮半島から船で大挙して瀬戸内海を渡り、住吉の浜に上陸したと考えるのが妥当だろう。対馬海峡二〇〇キロメートルを渡り、瀬戸内海四〇〇キロメートルの港をつないで大挙して住吉を訪れたのである。しかも上陸はくりかえし続いた。

状況としては、四世紀末から五世紀初頭には何もなかった寒村に、突然、神社のもとになる施設ができる。そして、大量の鉄を包蔵する古墳群が突然できる。これらは鉄の輸送がカギとなる。陸路で運ばれたわけではない。船で朝鮮半島から運んできたのである。

その目的は何であったか。鉄の武器は、この国を占領するためではなく、朝鮮半島での戦争を継続するためであった。彼らは傭兵を必要としたと考える。欽明天皇の時代、任那の滅亡がある。全国から傭兵が派遣された。この国は、この大規模な避難民を受け入れ、助ける一方、朝鮮半島に出兵したと考える。

●——『日本書紀』には、池、用水、道をつくったとしか書いていない

『日本書紀』では、この古墳群の記述はどうなっているか。『日本書紀』の崇神天皇

六十二年秋七月二日の条に、こうある。

農《なりわい》は天下《あめのした》の大本《おおきなるもと》なり。（中略）今し河内《かわちのくに》の狭山《さやま》の埴田《はにた》水少《すくな》し。（中略）其《そ》れ多《さわ》に池・溝《うなて》を開《ほ》りて、民《おおみたから》の業《なりわい》をひろめよ。

冬十月に、依網池《よさみのいけ》を造る。

十一月に、苅坂池《かりさかのいけ》・反折池《さかおりのいけ》を作る。

（『新編 日本古典文学全集2 日本書紀①』小島憲之ほか校注・訳、小学館。表記は一部変更）

有名な大仙陵古墳の濠《ほり》は満々と水を湛えているが、この水はいったいどこからきて、どこへ流れるのか、疑問に思う。大仙陵古墳の前にある、大仙公園の堺市博物館には、享保年間に描かれた大仙陵絵図の複製がある。そこには陵を囲む水路があり、それと交わる二つの水路が描かれている。水の出入りがあることが確認される。灌漑用水路だけだろうか。

さらに、『日本書紀』の垂仁天皇三十五年秋九月の条に、こうある。

五十瓊敷命《いにしきのみこと》を河内国《かわちのくに》に遣《つかわ》し、高石池《たかしのいけ》、茅渟池《ちぬのいけ》を作らしめたもう。

(略)農《なりわい》を以ちて事《わざ》と為《な》す。是《これ》に因《よ》りて、百姓《おおみたから》富み寛《ゆたか》に、天下太平《あめのしたたいらか》なり
(前掲書。表記は一部変更)

具体的な池の場所はわからないが、河内で水路とか池ということであれば、地形的に現在の大和川の南の、堺市、羽曳野市、高石市など南部しかない。
だが、古墳をつくったとはどこにも書いていない。墓らしき記述は、『日本書紀』仁徳天皇八十七年冬十月七日の条に、

百舌鳥野《もずのの》陵《みささき》に葬《はぶ》りまつる。
(『新編 日本古典文学全集3 日本書紀②』小島憲之ほか校注・訳、小学館)

とあるだけである。
そして、雄略天皇十四年春一月十三日の条に、おもしろい記述がある。

(略)身狭村主青《すぐりあおら》等、呉国使《くれのくにのつかい》と共に(中略)住吉津《すみのえのつ》に泊《は》つ。
(略)呉客《くれのまれひと》の道を為《つく》りて、磯歯津《しはつ》(磯果《しはつ》)路《みち》に通《かよわ》して呉坂《くれさか》と名《なづ》く。

図7-2　住吉大社

提供）住吉大社

（前掲書。表記は一部変更）

意味は、「奈良の都から住吉の浜（磯の果て）までの道をつくった」ということである。この「道」とは、のちの住吉大社から古市を経由して奈良盆地に向かう丹《たじ》比《ひ》道《みち》であると考える。私は、『日本書紀』では道といっているが、『日本書紀』が書かれた八世紀はじめから三百年前は水路であったと考える。陸化して水路が道路になったと考えるのは不思議ではない。

もう一つ、雄略天皇が呉の来訪者を連れてきて、住吉の浜に泊まったところに大きなヒントがある。住吉の浜は、住吉大社があるところである。第4章で述べたが、雄略天皇と吉備津彦は同一人物ではないか。

『住吉大社神代記』によれば、九州で誕生した底筒男命《そこつつのおのみこと》、中筒男命《なかつつのおのみこと》、表筒男命《うわつつのおのみこと》という三人の命と、神功皇后を合わせた四柱を主祭神とした。三神は社殿の正面に並んでいるが、神功皇后を祀る社殿のみ、その直線から外れて脇にある。三人の命が先に祀られ、神功皇后は八世紀に、あとから合祀されたと考えるべきである。

いままでだれも語らなかったが、住吉大社と百舌鳥古墳群はものすごく距離が近い。約六キロメートル。行政区が、住吉大社は大阪市住吉区、百舌鳥古墳群は堺市と違うので、遠く離れた別の場所と錯覚するが、じつは関連しているのである。

であるとすれば、神功皇后より位の高いこの三神は、いったい何者か。神功皇后は古墳群に関係する神であると考える。そして、五世紀の呉の使者は、吉備津彦、吉備の大王《おおきみ》とせず、呉の使者とした。すなわち、浙江省《せっこう》から来た使者と考える。浙江省は宋である。『日本書紀』を読んだ唐の支配階級に、ヤマト王権の天皇は当時、宋朝と交流があったと思わせようとしたのだろう。雄略天皇を、倭の五王武と思わせるための舞台装置である。

崇神天皇や垂仁天皇の条で書かれている灌漑水路や池、溝が百舌鳥・古市古墳群であり、その建設事務所、あるいは交易センターが住吉大社であったと考えるのは飛躍している話だろうか。実際、これらの古墳群ができてから二百年後の『日本書紀』の時代には、飛鳥への道になっていた。百済だけでなく今来の人びとと一緒につくった墓、水路、耕作地は忘れ去られたかもしれない。

任那・百済からの遺臣らがここに一大拠点を築いたが、ヤマト王権は、任那、百済に援軍を出して陰で彼らを助けた。朝鮮半島の任那滅亡の前夜、ヤマト王権が船を動かしたのではなく、蘇我氏が集めたのは伊勢湾からの傭兵であったと考える。

蘇我氏の遺臣が伊勢から任那・百済まで傭兵を運ぶ手伝いをしたのが、吉備の人びとであったと考える。傭兵は住吉の浜で小舟に乗って吉備に行き、山越えをして出雲から半島に行ったか、周防灘《すおうなだ》で大型船に乗り換えて半島に輸送されたと考える。

第二十七代安閑天皇のとき、瀬戸内海に多くの屯倉をつくり、彼らの船の航行、交易を助けた。瀬戸内海時代は蘇我稲目がつくったのだ。これらのプロジェクトは、ヤマト王権が日本の覇王となるきっかけをつくった。飛鳥から天平文化に影響を与えたのは、この丹比道があったからだと考える。

だが、彼らを助けたことを『日本書紀』に正直に書けば、唐や新羅は決してよくは思わない。およそ半世紀前に彼らが滅ぼした国を、日本国が手助けしたことになる。だから、呉の来訪者の道づくりにしたと考えられる。

●──吉備津彦が手伝った造成事業

任那や百済の民の船は、最初どこを通ってやってきたか。吉備を経由し、前に述べた淡路島の南端を通ってやってきたと考えられる。経由地の徳島県の東部に数多くの前方後円墳があり、同じような鉄製武具を副葬品とする古墳群があることが証拠である。

吉備津彦は一代ではない。数代の吉備の王が支援したという証拠がある。四つの証拠を示そう。

第一に、穴の海と土木技術が共通である。第4章で述べたように、古代、吉備には「穴の海」という大きな湾が存在した。この地では多くの川からの土砂堆積が激しく、大溝と呼ばれた水路を維持するために、つねに川底の土を削る浚渫《しゆんせつ》が行われた。それを盛り上げたのが古墳になったのである。その技術が百舌鳥・古市古墳群でも使われたと考える。

百舌鳥・古市古墳群の膨大な土はどこからきたのかというヒントを、穴の海の古墳群は与えてくれる。答えはこうだ。浚渫土を積み上げつづけ、その結果として、数多くの古墳ができると同時に、水路も維持される。いま、穴の海は倉敷市や岡山市の下になっているが、この地域では遠浅になった河口デルタを灌漑し、水路を維持する技術が普及していた。その技術を吉備津彦が任那や百済の移民に教えたのではないかと考える。

第二に、吉備と飛鳥には、日本にはない、同じ生活習慣がある。朝鮮半島には暖房用のオンドルがある。岡山県倉敷市の遺跡や、奈良県明日香村や高取町の遺跡からもオンドルが出土している。これは偶然ではない。

さらに、『日本書紀』の欽明天皇七年秋七月の条に、「倭国《やまとのくに》の今来郡《いまきのこおり》」という地名が出てくる。今来とは、新たに渡来した人という意味だが、では「倭国の今来郡」とはどこか。現在の奈良県高市郡高取町である。なんと、そこは、石舞台古墳や高松塚古墳がある明日香村の隣である。

言葉から歴史が掘り起こされる。『日本書紀』が語っている王宮が多くある飛鳥近辺は、渡来人の集落、今様でいえば外国人居留地であったということである。すなわち、磯果の道から渡来人（百済などの人びと）が来たということである。

第三に、前に述べたが、阿蘇でしか産出しないピンク石（阿蘇溶結凝灰岩）と呼ばれる特殊な石でできた石棺が岡山市の造山古墳と奈良盆地の多くの古墳から出土している。前出の『三島と古代淀川水運Ⅱ』によれば、阿蘇ピンク石の石棺は継体天皇の墓といわれる今城塚古墳のものが有名であるが、淀川水系に一カ所（今城塚）、大和川水系の河内（古市古墳群）に三カ所、奈良盆地に七カ所と、大和川水系の古墳に数多く運ばれている。

このことは、大和川か、のちに説明する百舌鳥・古市古墳群の運河によって多くの石棺が運ばれたことを意味するのではないだろうか。大和盆地が吉備との結びつきが大きいことがこれでわかる。

第四に、決定的な事実として、造山古墳のほうが古い時代につくられている。造山古墳は全国で四番目の大きさだが、百舌鳥・古市古墳群のどれよりも時代が古いのである。巨大な造山古墳の隣の茶臼山のふもとに吉備津彦神社がある。これは、百舌鳥・古市古墳群の隣に住吉大社があるのと同じ関係にある。

●――任那、百済の移民がつくった灌漑用水路

私は、巨大古墳だけでなく、多くの古墳を調べた結果、古墳は治水、灌漑、交易を考えた複合構造物だと確信した。この説にはご批判もいただいたが、いまでも意見は変わらない。

すなわち、古墳は、舟が通い、鉄などの取引が行われる、きわめて繁栄した場所

であり、交易場であった。いちばん数が多いのが、兵庫県や京都府の山越えのランドマーク的な古墳である。第1章で述べた、灯台のような古墳もある。山を越え、海に臨む多様な古墳があり、目的によって異なっていたと考える。

こうした古墳群は、伽耶や百済の遺臣や移民がつくったが、次にあげるように四つの目的があった。

第一の目的は、灌漑である。泉北丘陵の灌漑を実現させた狭山池の歴史は、池の遺構の年代測定から、ため池としてつくられたのは七世紀はじめとされる。大仙陵古墳の時代に、西除川《にしよけがわ》流域から導水されたとは考えにくい。石津川から引いたのだろう。

中央部の泉北平野からの流水による水路崩壊、埋没した土砂については、田圃の畔《あぜ》づくりのように水路の脇に積んでいく。乾燥してから近くの古墳に運び、積み上げると、土砂から養分が浸み出し、水路に流れ、下に流れていく。水路の下に数多くのため池をつくれば、丘陵地を流れる水は階段状にゆるやかに下に流れ、肥沃な大地ができあがっていった。

濠の水で船は停泊し、東の古市に向かった。泉北丘陵で収穫された農産物も運ばれたであろう濠の標高は一七メートル。濠の水は現在も樋《ひ》ノ谷《たに》という谷を通る小川と暗渠《あんきょ》で大阪湾に流れている。では、濠への水はどこからくるのか。堺市の学芸員の方にうかがうと、江戸時代に泉北丘陵の西除川の水源である狭山池から導水されたという。

さて、水路の管理であるが、西端の石津川、東の石川、中央の西除川から氾濫した土砂の処分と維持管理がたえず必要であった。少し考えればわかるが、河川の堆積作用が激しい沖積平野では、自然に大きな古墳が造営されていく。古墳はのちに大王の墓になったかもしれないが、最初は圃場《ほじょう》整備である。糊口《ここう》を潤せない墳墓づくりだけの労働提供はありえない。耕地をつくることと交易路を整備することで、古墳と一挙両得の労働提供をさせたと考える。

●——祖国救済、傭兵募集のための運河建設

第二の目的は、交易のための運河である。百舌鳥・古市古墳群では、古墳が百舌鳥と古市の両端に集まり、途中にないのは、旅の一日の距離に交易所を設けたというのが理由である。

二つの古墳群の距離は一二キロメートル。舟で一日の距離である。また、両古墳群のあいだは船で走るためにほぼ水平でなくてはならない。おおまかな数字だが大

仙陵の標高は一七メートルであるが、標高の高い古墳もあり、平均二〇メートルである。

一方、古市の応神天皇陵は標高二二メートルである。一二キロメートルの距離で標高差が二メートルだから、ほぼ水平である。この差は決して偶然ではない。この程度の水位差は、途中で解消できる。水平の水路のいたるところで、小さな水路から水をあふれ出させて水位を調整したと考える。

運河であるが、実際に水路はあった。堺市教育委員会が発行している「百舌鳥古墳群の調査7」によると、大仙陵古墳近くにある収塚《おさめづか》古墳の発掘調査資料をもとに、幅三メートル、深さ二〇センチメートルの北側に伸びている水路が発見されたという。この水路は標高二〇メートル付近に存在し、途中、西除川上流から水が供給され、泉北丘陵には東西に舟が行き交っていたと考えられる。

この小さな水路を維持するために、池や古墳が標高二〇メートルの台地を縫うようにつくられたと考える。これは現在の三国ヶ丘、大泉緑地、大塚山古墳、仲哀天皇陵など、標高二〇メートルの線を結ぶルートとして平行の水路が浮かび上がる。おそらく水路はもっとあるはずで、対の古墳で結ばれていると考えられる。

これらについては、今後の発掘が期待できるので、私の想定どおりである。

それでは、この水路を使って何を運んだか。人である。くりかえすが、朝鮮半島は三世紀から戦争状態であった。朝鮮半島は風雲急を告げていた。彼らが必要としたのは、軍隊であり兵員であった。多くの倭人が傭兵として鉄と交換され、半島に出兵していったと考えられる。

大阪湾における出征の拠点が住吉の浜であったことは、すでに述べた。百済から輸入された大量の武具、鉄器が交換され、奈良盆地に運ばれた。人間だけでなく、重い鉄や武具は舟で運ばれた。兵は吉備まで海路で行き、出雲に抜け、船で朝鮮半島に出兵したと考える。吉備津彦も手を貸した。倭国都市国家群の総力戦であった。

第三の目的は、交易センターである。古墳になっていない台場は交易場に、小さな塚、陪塚は傭兵と交換する交易の品々を入れた。沖の大船からめずらしい武器が大量に運び込まれ、小舟に乗せられて、石津川や樋ノ谷川を使っていずれかの古墳に揚げられた。この古墳の上が交易場となる。船は大勢の人間か馬で上げられたのだろう。

この時期、河内平野で武具と傭兵を交換した豪族はだれだったか、想像していただこう。

伽耶の王族である。伽耶の紋章は鳥である。古市古墳群の津堂城山《つどうしろやま》古墳から水鳥の埴輪が出土しているのは偶然ではない。五世紀初頭の高句麗の好太王碑に「倭が攻めてきた」と書かれているのは、伽耶の王族が送った傭兵を指すのかもしれない。

『日本書紀』の宣化天皇二年冬十月一日の条に、

新羅《しらき》の、任那《みまな》に寇《あだな》うを以《も》ちて（中略）任那を助《たす》けしむ。

（『新編 日本古典文学全集3 日本書紀②』小島憲之ほか校注・訳、小学館。表記は一部変更）

とあるのは、ここからの傭兵輸送を指すのではないだろうか。

では、どのあたりから人は集められたか。伊勢湾である。蘇我一族が、この交易にかかわっていたのだ。伊勢から大和を経由して傭兵を募ったと考える。六世紀はじめに、安閑天皇が屯倉をつくり、宣化天皇が任那に援軍を出したとある。これで、『日本書紀』に書かれている、任那が援軍を要請した謎が解ける。

援軍を出した港は難波津ではない。当時、難波津は海の中だから、存在しない。難波津から軍を出せるようになるのは八世紀になってからだと考える。住吉津から出航したのではないだろうか。この時代、泉北丘陵からだけ傭兵が派遣されたわけではない。日本海沿岸からも傭兵が派遣されていたことは想像に難くない。

●——治水対策の結果、巨大古墳群ができた

第四の目的は、治水対策である。百舌鳥古墳群は、堺市の石津川、古市古墳群は藤井寺市、羽曳野市の石川から流入する土砂の処分場として古墳がつくられたことは前に述べた。これらの河川に水路の両端で接する地点では洪水が頻発し、たえず改修を必要とした。土砂処分場を数多く必要とし、結果、巨大かつ多数の古墳になったと考える。

洪水はなぜ起こったか。泉北丘陵で広範囲に耕作地を拡大し、窯業を行うようになると、大量の樹木が伐採された。当然、氾濫が頻発する。そのたびに大量の土砂が発生する。とくに土砂処分量が多かった時期の古墳が巨大になった。上石津ミサンザイ古墳、大仙陵古墳、仲ツ山古墳、誉田御廟山古墳などである。

肥沃な農耕地を維持する灌漑用水路を兼ねていたが、灌漑路の場合、それほど正確に水平の水路はつくる必要はなかった。だが、運河の場合、正確に水平の水路を維持する必要があった。土砂を絶えず運んで山としたので、結果として大きな古墳が副産物としてできたと考える。

そして、そこが交易場となった。遠くから見ても交易場とわかるようにまわりを

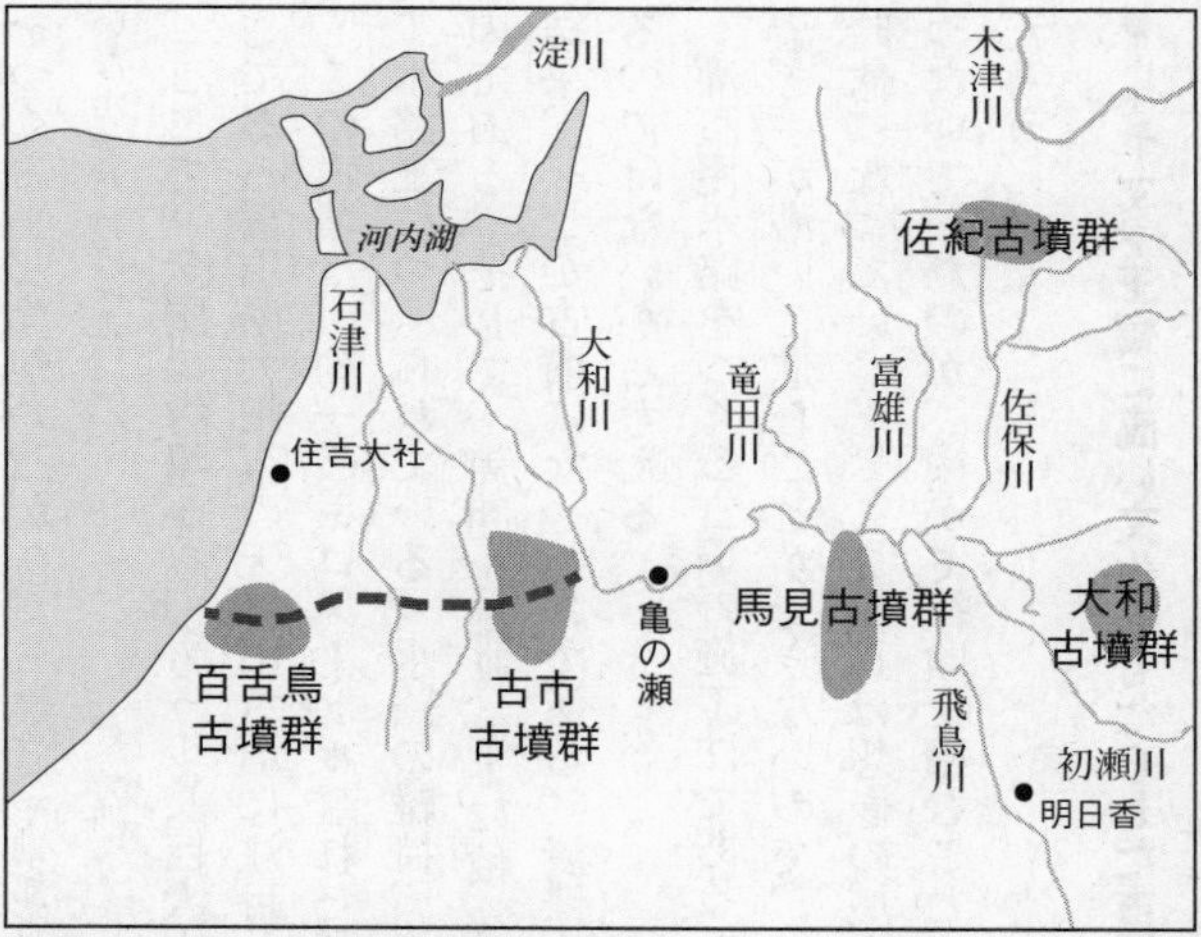

図7-3　大和五大古墳群と運河水路

出所）『鉄とヤマト王権』（大阪府立近つ飛鳥博物館図録52、一部改変）

石で張り、埴輪を並べた。前方後円墳という形は日本の交易場のブランド、看板であったと考える。祖先が知恵を結集してつくった、すばらしい世界遺産である。

だが、琵琶湖沿岸、巨椋池周辺には巨大古墳がない。周囲二〇〇キロメートルの湖岸は遺跡の宝庫である。纏向や穴の海などに劣らない巨大集落が数多くあるが、大きな古墳はない。これは、琵琶湖や巨椋池の水位がほぼ一定で、大溝という水路を掘っても土砂堆積が少ないため、たえず浚渫して土盛りの山をつくる必要なかったからだ（滋賀県や京都府の名誉のために言うが、古墳がないから大王がいなかったわけではない）。

ここで、全国の古墳から、もう少し巨大古墳を見てみよう。全国二八番目の大きさである群馬県太田市の天神山古墳に注目しよう。

この古墳は、約一〇キロメートル離れた利根川と渡良瀬川の二つの流域を結ぶ人工水路上につくられている。水路の維持、浚渫を船で行い、中央の池に捨てていたのである。そして、周囲を掘り、上に積んだ。その土盛りの場所を交易場にした。結果、そこが古墳になったのである。浚渫土の多さによって、古墳の大きさが決まるのではないかと考える。

灌漑用水路をつくる古墳の施工法であるが、運搬船で土を乾舷すれすれに積むと、漕ぎ手が漕いで進むことができないので、人間か馬がひくことになる。馬が必要な時代になっていった。ここからは想像の域を出ないが、最初は小さな古墳どうしでつないでいたのが、やがて経験を積むことで大きな古墳をつくれるようになったのだろう。

●――ヤマト王権に高い文化をもたらした古墳群

百舌鳥・古市古墳群から奈良盆地まで四〇キロメートル以上にわたる古代の運河が、水の路として多くの財物を運んだ。そして、灌漑施設として泉北丘陵に肥沃な大地をつくった。さらに、この水路は、飛鳥という海のない山奥に多くの渡来人を招き入れ、高度の文化を誇る都をつくった。

この道は当初、物部氏の権益であったが、それを蘇我氏が奪った。五八七年に起こった、世にいう丁未の乱の仏教論争である。実際は仏教論争ではなく、この交易路の利権争いであったのではないだろうか。

その後、五九六年、蘇我馬子によって日本最古の飛鳥寺がつくられ、六〇七年、推古天皇の時代に斑鳩に法隆寺の大伽藍が建立される。これらの仏像や大量の建設資材は、この百舌鳥・古市古墳群の磯果の道だけではなく、蘇我馬子によって大和川を経由して上げられたと考える。

なぜなら、天平美人の壁画が描かれている国宝の高松塚古墳は、持統天皇の時代だから七世紀末である。これらの円墳の主は、いずれも丹比道を通って上陸したと考えるとロマンがある。

のちに中臣（藤原）鎌足は蘇我氏をクーデターで滅ぼし、この交易路の利権を奪った。飛鳥の山奥における藤原氏の繁栄の源泉は、この道にあったのではないだろうか。

百済の遺臣や移民だけでなく、朝鮮半島から多くの渡来人、今来の人びとが現在の奈良県明日香村に定住したため、ここは今来の里への道となったと考える。そうでないと、山奥に突然、異国の文化が登場することの説明ができない。たんに巨大古墳群がつくられたと見るのではなく、日本の首都である飛鳥をつくり、道が天平という文化をもたらし、運河が大きな権力闘争をくりひろげたとは考えられないだろうか。

第8章

馬飼いから天皇になった異色の継体天皇

●――近江を制する者が天下を制す

琵琶湖と伊勢湾が日本列島の陸上交通の隘路《あいろ》となっていることは、昔も今も変わらない。逆にいえば、近江から美濃、尾張は、古代から近世まで水運に頼ってきた地域といえる。

古代、日本海の敦賀と大津までの距離はたった二〇キロメートルしかなかった。そう聞いても、現代人はだれもが「嘘だろう」と反論するだろう。琵琶湖の湖面の高さ（標高）八五メートルまで荷駄を上げ、船に載せると、あとは風が船を大津まで運んでくれた。

この敦賀～長浜間の峠越えの陸送、長浜から大津（坂本）までの約六〇キロメートルの舟運、そして続く坂本から京までの陸送の利権が、歴代の支配者の富を生み出してきた。そのため、この利権を奪い合う歴史が続いてきた。

地峡の狭さゆえに琵琶湖と日本海（敦賀湾）、瀬戸内海を結ぶ運河の計画も昔から数多くあり、実際に工事まで行っている。平清盛も豊臣秀吉も、琵琶湖の最北端の塩津から敦賀まで運河を掘ることを考えていた。江戸幕府は小浜藩に命じて敦賀から琵琶湖に向けて疋田舟川《ひきたふなかわ》を建設させた。

さて、前置きが長くなったが、古代の敦賀はだれが支配していたか。日本海を支配していた蘇我氏である。乙巳の変で蘇我氏を滅ぼしたヤマト王権が、この利権を見逃すわけがなかった。

古墳時代、伊勢湾についても関ケ原を越えると海が眼下に広がり、伊勢湾の海水が大垣付近までひたひたと迫っていた。蘇我氏の庇護のもと、壱岐や対馬の海人族が神々とともに琵琶湖を経由し、伊勢湾の沿岸に入植していった壮大なドラマがあったことは、第5章で紹介した。

のちに説明する壬申《じんしん》の乱（六七二年）も、伊勢湾と琵琶湖の周辺で起こった戦いであった。そして、それから九百年後、伊勢湾に一人の英雄が現れ、琵琶湖の覇者となった。織田信長である。『信長公記』には、近江から淀川水系にいたる信長の攻略が正確に描かれている。一五七〇年から四年間の近江攻略の記録から、信長の脳中を見てみよう。

信長は美濃を併合した直後、一五七〇年四月、京都から琵琶湖の北に向かった。真っ先にねらったのが、琵琶湖の喉元、越前（敦賀）の朝倉義景である。氣比神宮の山の手にある手筒山城・金ケ崎城の攻防戦である。このときは浅井長政の裏切りで撤退するが、一五七一年の比叡山・延暦寺焼き討ちを挟んで三年後、近江八幡の六角義賢《よしかた》（承禎《じょうてい》）を破り、長浜（小谷《おだに》）の浅井長政、朝倉義景を滅ぼして琵琶湖を制した。

彼がその後も多くの戦闘で勝ちつづけた要因が四つある。

一つめは、当時、国産化が始まっていた鉄砲という近代兵器の独占と大量生産を進め、戦場に投入して、それまでの戦争のかたちを変えた。さらに、スペイン船から艦載砲を譲り受けて、はじめて戦場に投入したことである。

そのために、布教を始めていたイエズス会に協力させた。自由都市の堺を直轄領にし、長浜の国友村を押さえた。そして、鉄砲鍛冶集団をつくり、量産体制を整えた。その後十年間続く、石山合戦と呼ばれる大阪の本願寺攻めには大量の鉄砲が投入された。

二つめは、伊勢湾で培《つちか》った、舟による水辺の戦闘の練度に違いがあった。現在でいう海兵を組織し、湖岸の戦闘に勝ち抜いていったと考える。一五七二年には多くの湖岸の敵砦に囲い舟という上陸用舟艇を投入、強襲した。瀬田川には渡河のために鋼製の網で舟をくくり、舟橋をつくった。

一五七三年には、瀬戸内海での毛利水軍との戦いを見据えて、安宅船（鉄甲船）の原型となる巨大艦船を彦根の琵琶湖湖岸で試作している。だが、失敗した。その後、伊勢の海賊大名、九鬼嘉隆《くきよしたか》の技術協力によって大砲を積んだ鉄甲船が実現する。一五七四年、河内長島（現在の三重県桑名市長島）の戦いで、嘉隆が建造した大船を使って攻略、勝利した。一五七八年、さらに嘉隆に六隻をつくらせ、大阪湾口の木津川沖の海戦に投入、毛利水軍を撃破した。

三つめは、工兵隊の組織である。後世に黒鍬衆《くろくわしゅう》と呼ばれる工兵を、はじめて戦場に投入した。彼らは行軍に際して、前線にいたる悪路をすばやく拡張、整備した。本願寺攻めでは周囲の草を刈り取り、濠を草や土砂で埋めて寄せ、大砲の着弾を確認するため望楼をつくった。

四つめは、市場開放、世にいう楽市楽座である。一五六八年に美濃国加納で行った記録がある。これによって、たんに町を繁栄させたというだけではない。やがて、運送業者や商人を味方につけ、彼らは有事には信長の味方になった。

結果、四年で琵琶湖全体を制圧し、織田家の有力武将が統治することになる。長浜は羽柴秀吉、佐和山（現在の滋賀県彦根市）は丹羽長秀、坂本（同大津市）は明智光秀、琵琶湖の中央、安土（同近江八幡市）は信長自身が押さえた。

継体天皇の話から少し脱線するが、信長の戦いはすべて、港町の交易拠点をめぐる戦いであったことは納得いただけたと思う。じつは、その場所は、古墳時代、すなわち、継体天皇の時代の琵琶湖の舟運の一日ごとの寄港地である。舟が一日に進める能力は大きく変わっていない。蘇我氏や継体天皇の時代から信長の時代まで、為政者がねらう重要な拠点は変わっていないのである。

琵琶湖のなかでもっとも重要な拠点は、羽柴秀吉の長浜、明智光秀が押さえた坂本であった。前者は、浅井長政への備えと、日本海の交易路である敦賀を押さえるという意味もあったが、一番のねらいは、国産の種子島銃の工業団地になろうとした国友村を押さえることにあった。

後者は、比叡山の入口で日吉大社《ひよし》があった。平安時代から比叡山の僧兵は勝手に日吉神社の神輿《みこし》を担ぎ強訴を、坂本の馬借《ばしゃく》（馬による運送人）は徳政令の要求をくりかえしてきた。僧兵である武装集団はもともと、寺の雑事や警護、荘園の護衛を行ってきた下級僧侶である。彼らが武装し、神を前面に押し出して都で騒動を起こしてきた。

平安時代、白河法皇が天下三不如意と語った有名な言葉がある。

賀茂河《かもがわ》の水、双六《すぐろく》の賽《さい》、山法師《やまぼうし》。是《これ》ぞわが心にかなわぬもの。

（『新編 日本古典文学全集45 平家物語①』市古貞次校注・訳、小学館。表記は一部変更）

暴れ川であった鴨川の水、双六の目、叡山の山法師が自分の意にならない、と嘆いた言葉である。山法師とは延暦寺の僧兵のことだ。

なぜ、延暦寺の僧侶が権力をもつようになったか。京と近江のあいだの地峡を支配しつづけたからである。

●——地峡で権益をつくった継体天皇、それを壊した織田信長

では、その地峡とはどこか。大津市、京都の宇治、山科、伏見にまたがる陸路である。私が琵琶湖と淀川はつながっていないと言えば、「琵琶湖の水は大阪まで流れている」「嘘だろう」とだれもが思うかもしれない。たしかに琵琶湖と淀川（瀬田川）はつながっているが、流れの激しい渓谷で舟は通れない。だから私は、地峡と呼んでいるのである。

私は二度ほど、この渓谷の脇をクルマとバイクで走ったことがある。南郷洗堰《あらいぜき》を下り、しばらく走ると、見落としてはいけない景勝地、鹿跳《ししとび》渓谷がある。そして、天ヶ瀬ダムの静かなダム湖が宇治市の観月橋の手前まで続く。対岸は喜撰山である。

天ヶ瀬ダムがない時代、鹿跳渓谷の激流が観月橋付近まで続いたと考えれば、舟で

は行けない。

この、人を寄せつけない渓谷には、獣か世捨て人しか住んでいなかった。都の巽《たつみ》（東南）にある僻地だが、それゆえに多くの歌に詠まれた。「百人一首」に喜撰法師の次の歌がある。

わが庵は都の辰巳《たつみ》しかぞ住む　世をうぢ山と人はいふなり

（『新編 日本古典文学全集11 古今和歌集』雑歌 下、983、小沢正夫／松田成穂校注・訳、小学館）

喜撰法師の名にちなむ喜撰山が迫る渓谷である。この渓谷を抜けると、淀川、桂川、鴨川がつくる巨椋池へと続く巨大な湿地帯に出ただろう。結局、大津から京都までは陸路となり、比叡山の南、山科を経て逢坂山《おうさかやま》を越え、伏見から宇治にいたり、この湿地帯に出る。山城の中心地、巨椋池である。これが地峡である。

もう一つ、比叡山の北からの道は、第9章でくわしく説明するが、若狭から京都にいたる鯖《さば》街道である。若狭から朽木を経て比叡山の北の大原を通り、宮本武蔵が吉岡一門と決闘をした一乗寺のそばに出る。

この二つしか、京都への道はなかった。そして、蘇我氏がこの隘路を支配していた逸話が『日本書紀』にある。『日本書紀』の欽明天皇三十一年（五七〇年）夏四月の条に、越国に高句麗の大船が漂着し、秋七月に船を狭狭波山《さ さなみやま》（逢坂山）に引き上げさせたとある。

これは大きなイベントであった。能登に漂着した高句麗の大型外洋船をコロに載せて、馬数十頭でひいて狭狭波山を越え、宇治川に浮かべ、慎重に下り、大阪湾から瀬戸内海を回航したと考える。

それだけではない。難破した船を修理し、敦賀か若狭に回航し、そこから山越えをさせ、塩津か高島に出て琵琶湖を回送したと考えられる。継体天皇の崩御からおよそ四十年後のこと、蘇我稲目が亡くなった直後であるが、蘇我一族の技術集団が行ったと考える。このような作業を可能とする技術集団を育てるには数十年かかる。継体天皇が登場するはるか前から、馬で近江の輸送を支配していた集団がいたと考えるのが常識である。

それは誰か。蘇我氏以外にはいない。やがてこの集団は千年後、延暦寺や日吉神社の庇護のもとでこの地峡の輸送を独占する馬借の集団に代わっていった。とくに、東国からの荘園の米の輸送で大きな利益を得てきたと考える。延暦寺や日吉神社は、馬借を保護することで間接的に利権を得ていた。そのため、比叡山は権力を拡大し、白河法皇ですらも意のままにならないほど強大化した。

しかし、織田信長は、この地峡の交通利権を思いもつかない方法で壊した。一五七一年九月、馬借の庇護者である延暦寺の仏、日吉大社の神に大きな悲劇が訪れる。有名な延暦寺焼き討ちである。根本中堂や大講堂などに火が放たれ灰になった。高僧から俗人まで多くの老若男女が阿鼻叫喚《あびきょうかん》のうちに殺された。

『信長公記』で太田牛一はこの事件の理由を、信長に反旗をひるがえした遺恨、色欲に耽《ふけ》り生臭いものを食べる、金銭の欲におぼれ仏道に背いている輩ゆえの成敗としているが、数百年続いた京と近江の交通利権を剝奪《はくだつ》する戦いであったとすれば、信長の目のつけどころに合点がいく。

信長によって一時、この地峡における権益を失った坂本の馬借であるが、江戸時代にふたたび力をもつことになる。しかし、明治になり、鉄道の開通が彼らの生活を根底から奪った。当初、馬借たちが反対運動を起こしたので大きな騒動になったが、結局、その前に開通していた敦賀と長浜の鉄道が接続したことにより、琵琶湖の舟運が役割を終え、千年以上続いた馬借も歴史から消えていった。

前に述べたが、琵琶湖の舟運と馬の輸送で最初に富を得たのは蘇我氏で、その権益を壊したのは信長である。信長による比叡山・延暦寺焼き討ちや、石山本願寺の攻略は、琵琶湖から淀川河口までの近畿地方の大動脈の既得権益を破壊せんがための戦いであったと考える。

●——応神天皇説話で歴史から消された蘇我氏

越前一宮の氣比神宮の記録によると、『日本書紀』が編纂された八世紀には、大中臣《おおなかとみ》姓、角鹿《つぬが》姓を名乗る四八の社家を率いる角鹿氏が神職を務め、大集団で広範囲の領地を有していた。『日本書紀』では、敦賀の始祖を角鹿にしたと考える。

だが、乙巳の変から半世紀以上がたち、壬申の乱で敦賀が壊滅したあと、ヤマト王権にとっては祖先がだれであってもよかったのだろう。『日本書紀』では、敦賀の角鹿氏の祖先を鬼のような神として登場させている。

垂仁天皇二年の条に、角鹿氏の祖先に関する記述がある。

（略）御間城天皇《みまきのすめらみこと》（注＝崇神天皇）の世《みよ》に、額《ぬか》に角有《つのあ》る人、一船《ひとつのふね》に乗りて越国《こしのくに》の笥飯《けひの》浦《うら》（注＝氣比神宮があるあたり）に泊《とま》れり。（中略）其処《そこ》を号《なず》けて角鹿《つぬが》という。問いていわく、「何《いず》の国の人ぞ」（中略）「意富加羅国《おおからのくに》（注＝金海）の王之子《せしむ》（王子）、名は都怒我阿羅斯《つぬがあらし》等等《と》（中略）。伝《つて》に、日本国《やまとのくに》に聖皇《せいこう》（注＝崇神天皇）有《ま》すと聞《うけたまわ》りて帰化《きか》す（略）」

（『新編 日本古典文学全集2 日本書紀①』小島憲之ほか校注・訳、小学館。表記は一部変更）

熊襲や蝦夷などもそうだが、恐ろしい名前がついている場合、それはヤマト王権にとってよからぬ人物である。『日本書紀』の記述によると、額には角が生えていたという。神話学的にいえば、角が生えている恐ろしい神である。これがまず、蘇我一族の支配の歴史を隠すための仕掛けの部分である。

長浜市側の湖北の地は、息長氏《おきながうじ》が支配していた。伝説の神功皇后には気長足姫《おきながたらしひめ》の説話がつくられ、この地に地縁をつくった。蘇我氏に代わって登場するのは、応神天皇である。まず、米原付近で生まれた神功皇后という女王を卑弥呼にかぶせて登場させ、敦賀で日本武尊の子、仲哀天皇と結婚するという縁をつくっている。すべて尾張や近江の血でつなぎ、生まれてくる子供の応神天皇に地縁をつくらせている。

神功皇后は三韓遠征を行い、その帰路に応神天皇を産んだ。応神天皇は、氣比神宮の主祭神である伊奢沙別命《いざさわけのみこと》と名前を交換したという伝説があり、「御名易祭《みなかえまつり》」として敦賀の祭りになっている。名前替えによって、日本海と琵琶湖の交易要路の敦賀を奪ったのだ。

これで敦賀を完全にヤマト王権の地にしたかと思われたが、『日本書紀』には抜

図8-1　応神天皇を祀る氣比神宮

提供）一般社団法人敦賀観光協会

けがあった。蘇我一族が昔から琵琶湖を支配していた証拠を別のところで残してしまった。当の氣比神宮である。主祭神の伊奢沙別命は氣比神とも呼ばれ、御食津《みけつ》大神《おおかみ》という食物神である。もともとは、北海道や東北から塩漬けの魚、近畿から野菜や穀類、そして朝鮮半島から牛馬などを交易し、琵琶湖を介してヤマト王権に運んでいた神である。

『古代を考える 蘇我氏と古代国家』（黛弘道編、吉川弘文館）によれば、七世紀のヤマト王権の食料については、蘇我氏がそれらも含めて天皇一族の身のまわりの品をすべて調達していたという。したがって、蘇我氏が敦賀から若狭のみならず日本海側の港をすべて支配していたと考える。

そんな氣比神宮の主祭神は、先に述べた伊奢沙別命である。私は、蘇我一族の神であると考える。武内宿禰を祀っていることも証拠になる。

●──馬と船で近畿をつないだ継体天皇

ここから、ふたたび馬の話をしよう。「魏志」倭人伝によれば、この国には馬はいなかったという。四世紀から五世紀にかけて、朝鮮半島、沿海州から騎馬民族と一緒に大量の馬が日本海を渡ってきたのである。大量の馬はどこで働いたか。全国の多くの古墳に、五世紀ごろから馬の埴輪が登場する。丹波、敦賀、小浜だけでなく、日本海側から大量に渡来人とともにやってきたと考える。

歴史学者の和田萃《あつむ》氏をはじめとする多くの研究によって、馬飼集団の頭領としての継体天皇の実像が明らかになっている。鉄鋼王として湖北の鉄の鋳造所群を管理し、枚方や河内の馬飼部だけでなく、琵琶湖、淀川水系の水運も支配していた。だが、この話は消された蘇我氏の話と重なる。馬の話でつながるのである。

当時、淀川の河口であった現在の枚方市、四條畷市、交野市周辺に馬の遺跡が集中している。なぜ、馬飼いがこの淀川の河口に多いのか。これには二つの理由がある。

一つめは、枚方が河内湖の奥深くまで入った港で、そこに入った舟から四方に荷駄を陸送で運ぶ需要があった。枚方まで潮がきている。瀬戸内海からの舟は、黙っていても潮を見て枚方まで上がる。そこから上流は舟が馬にひかれるか、荷駄が馬の背に載せられ山城まで運ばれた。

前に述べたように、山城から琵琶湖岸までは逢坂山を越える輸送も重要であったが、馬は陸を進む舟をひいたことも忘れてはならない。

二つめは、土木工事である。継体天皇の時代は古墳時代で、馬は土木作業に使われた。水を含んだ泥ほど重いものはない。古墳から馬の埴輪が多数出土しているのは、古墳の建設だけでなく、水路の掘削、圃場整備の現場で多くの馬が土砂運搬に使われたからである。

百舌鳥古墳群で説明したように、水路の掘削、圃場の整備の掘削残土の運搬に馬は使われたと考えられる。この地に馬が多かったのは、たえず土砂堆積をくりかえす大和川と淀川水系の灌漑、水路建設の工事量が多かったことがあげられよう。

ちなみに、土木工事で馬が活躍する場面は曳船、土砂運搬であると考える。大阪市の長原高廻り古墳群の舟形埴輪や四條畷市の蔀屋《しとみや》北遺跡から出土した船の形状、構造を見ると、外洋航海のものではなく、土砂運搬船であると思われる。結論をいえば、馬の骨が多く出た蔀屋北遺跡は淀川に近い河内湖の北東部で、運送と土木工事両方の拠点であった。

最後に、馬の軍事利用についてふれよう。戦後、一世を風靡した江上波夫氏の「騎馬民族征服王朝説」である。この説にはロマンがある。

江上氏は、古墳時代後期（五～六世紀）になると急に多数の馬の飼養が行われるようになり、近畿で馬の埋葬事例や埴輪の馬が見られはじめたことを取り上げ、これは大陸から馬だけがやってきたのではなく、騎馬民族が馬を連れて渡来し、王朝をつくったのだと主張した。

私が第1章で、四世紀ごろから大型船で星を見ながら日本海を渡ってきた遊牧民が登場すると述べたように、そのとき多くの馬を連れてきたと考える。江上氏が主張する騎馬民族ということでは同じだが、王朝が日本にきた、奈良盆地にきたという考えはどうも違っているようだ。

多くの識者から、「日本の地形では馬群を走らせるような戦争はできない」と疑義が提起された。これはそのとおりで、足がぬかるむ湿地や、山や川のある地形で馬を長駆させるのは不可能で、蒙古襲来でもそれは証明された。

馬がいないと、船だけでは日本は統一できない。その時期は五世紀の継体天皇の時期と一致する。『日本書紀』の戦争を考えてみれば、どうしたら戦場に兵士とともに食料や武器を運ぶのか。それを具体的に考えたときに、継体天皇以前の長駆の戦争、たとえば四道将軍の遠征や吉備氏の乱などは絵空事であるとわかっていただけると思う。

●――超高齢の武内宿禰が蘇我氏の謎を解く

前述した『日本書紀』の垂仁天皇の条における都怒我阿羅斯等（角鹿氏）の記述には、さらに続きがある。

（穴門より）道路《みち》を知らずして島浦《しまうら》に留連《りゆうれん》し、北海《きたのうみ》より廻《めぐ》りて、出雲国《いずものくに》を経て此間《ここ》に至れり。

（『新編　日本古典文学全集2　日本書紀①』小島憲之ほか校注・訳、小学館。表記は一部変更）

これは注目すべき記述である。すなわち、出雲を中継して敦賀までの交易ルートが応神天皇が登場する前に完成し、船が通いはじめていたことを語っている。つまり、『日本書紀』はヤマトができる前に日本海で交易があったことを認めているのである。

そうであれば、港を探してみよう。『万葉集』に敦賀（鹿角）の浜からの大船の出航を詠んだ歌がある。

角鹿《つが》の津《つ》にして船に乗る時に、笠朝臣金村が作る歌一首
越《こし》の海（注＝敦賀湾）の　角鹿《つが》の浜ゆ　大船《おおぶね》に　真梶貫《まかじぬ》き下《お》ろし　いさなとり　海《うみ》路《じ》に出《い》でて　あえぎつつ　我が漕ぎ行けば　ますらおの　手結《てゆい》が浦に（略）
（『新編 日本古典文学全集6 萬葉集①』巻第三、３６６、小島憲之ほか校注・訳、小学館。表記は一部変更）

いまは埋め立てられているが、氣比神宮の裏手にある角鹿神社の前面、角鹿の浜が港であったようだ。ここには港として繁栄する敦賀の姿が描かれているが、交易という視点からまわりの海をよく見てみよう。

天皇をトップとする海運会社に見立てて考えてみよう。朝鮮半島から東北までの長い交易ルートには、現在あるように港々に倉庫を設け、代わりの船を置き、漕ぎ手を準備していた。大きな集団があり、代々維持してきた。

天皇家が海運業を行っていた同族会社とすれば、創業者の第十五代応神天皇から第三十五代皇極天皇まで四百年以上続く会社である。もちろん、専務も代々続いている。記録がある専務は、武内宿禰、葛城襲津彦《かつらぎそつひこ》と続いて蘇我稲目、その末裔である蘇我馬子、蝦夷、入鹿の合計六人である。武内宿禰から蘇我稲目に飛んでいるのだ。

結果、武内宿禰は、景行、成務、仲哀、応神、仁徳天皇の五代の社長（大王）に専務（棟梁之臣・大臣）として仕えることになる。年齢は二百八十歳から三百六十歳になるという。当然、そんな高齢は不可能だから、日本海で活躍した蘇我一族の祖先の何人かの人物が消され、謎の人物、武内宿禰を演じていることはまちがいない。文献学の方は、この矛盾をどう考えるだろうか。

また、武内宿禰を祀っている神社には、鳥取市の宇倍神社、島根県松江市の武内神社、高良《こうら》神社、福井県敦賀市の氣比神宮などがある。彼を代表とする蘇我一族が日本海交易ルートを広く掌握してきたことはまちがいない。第5章で紹介したように、丹後一宮元伊勢籠神社の「海部氏系図」には彼の系図もあり、確実に実在した人物である。

支える蘇我一族に長命の人物が出てきて日本海や琵琶湖で活躍させているが、長い歴史を数人の人でしか系譜を描けていない。そこには蘇我一族を排除した結果、近江と日本海の系図がつながらなくなって、このようなストーリーになったと推測できる。

●――時代が重なる継体天皇と蘇我一族

磐余中心の架空の歴史から現実の数代前に系図をつなぐときに、歴史の空白に困ったことが起こった。当時、まだ記録、記憶として残っていた蘇我氏の事績を消せなかったのである。

継体天皇の版図をつくるには、前に述べたが、蘇我氏の事績で消せなかったもの、消し忘れ残ったものもある。蘇我氏の屋敷も意図的に、強引に飛鳥に置いた。だが、現実の日本海や近江の歴史とは乖離《かいり》があった。

前に述べた磐井の乱も不思議である。近江毛野の派遣の翌年、河内湖の新興勢力である馬飼いの中心地、交野に居を構える物部麁鹿火《もののべのあらかび》の軍隊が瀬戸内海を通って九州と朝鮮半島に派遣され勝利したという戦いである。

この戦いが怪しいことは前に述べた。兵站輸送で問題が起こる。

まず、近江毛野は六万の軍隊をどのように輸送したのか。似たような数の兵隊で、場所も同じであるが、一八七七年の西南戦争のとき、明治政府軍は七万強の軍を九州に輸送船で送っている。明治政府は兵站輸送で苦労した。最初、政府軍は混成部隊で装備の小銃もバラバラ、送った弾薬と装備の銃があわないなど、笑えない話があった。六世紀に瀬戸内海で六万の軍隊を輸送するなどありえない。

次に、継体天皇の配下、近江毛野とは何者か。乙巳の変まで蘇我氏が保有している日本海の水軍はどこに消えたのか。河内の物部氏に瀬戸内海で援軍を送る能力はないと思われる。謎だらけである。継体天皇と蘇我一族が出会う場面がない。

磐井の乱が契機となり、蘇我稲目らが派遣され、兵站基地の屯倉を吉備に開いた。白猪《しらいの》屯倉である。九州までの屯倉の整備で、瀬戸内海の軍隊の派遣がはじめて可能になったと考える。

実際、この乱は、東日本の覇権をめぐる蘇我一族と九州の磐井の戦いであったと思われるが、応神天皇の時代に現れた日本海船団が継体天皇の時代になると突然、消滅し、息子の欽明天皇のとき、大臣の蘇我稲目によってふたたび海の船団がよみがえる不思議さがある。名前から考えて、近江毛野も蘇我一族の一人だと思われる。

中部地方まで蘇我氏の版図であるし、稲目の時代には瀬戸内まで、そして、丁未の乱があったように、馬子の時代には河内まで版図になっていた事実を語っている。

琵琶湖沿岸の高島市には、鴨稲荷山古墳をはじめとして五世紀中葉から六世紀初頭の古墳が一〇以上ある。継体天皇にくわしい水谷千秋氏は、鴨稲荷山古墳は豪華な副葬品と築造された年代（六世紀前半）から継体天皇の長子の墓ではないかと述べている（『三島と古代淀川水運Ⅱ』）。

ここで、琵琶湖から目を転じて日本海を見てみよう。福井県の若狭町、小浜市には一〇以上の同じような古墳がある。日本海の若狭と琵琶湖の高島を結ぶこの道こそ、蘇我氏の王国であったと考える。私は、『日本書紀』から消された蘇我氏の一族、すなわち、ヤマト王権の海を支えた王たちがここの古墳に眠っていると考える。

くりかえしになるが、海から見ると、私には、継体天皇と蘇我氏が重なり合うのである。鴨稲荷山古墳の副葬品をはじめとして、多くの財宝はどこからきたのか。水軍をもっていた蘇我氏が幾度も交易を行っていた。記録に残っている遣使船を追ってみよう。

●——蘇我氏の水軍から交易使節団に変わった遣唐使

「六〇七年、聖徳太子が遣隋使として小野妹子を派遣した」と歴史教科書で習った。だが、いくらなんでも語学経験も海事知識もない聖徳太子が、いきなり一人で渡海の手配はできない。隋に行く遣使船を送れるだけの資金力、技術力は聖徳太子の周りにはない。

ちなみに、聖徳太子という人物像は、後世の人がつくりあげた架空の人物であるというのが定説になっている。日本海から朝鮮半島に渡り、最初、隋、唐までの渡しの神の役割をしたのは、蘇我一族の水軍でまちがいないと思われる。

日本側に記録がない六〇〇年の第一回遣隋使は蘇我氏の船団で、ヤマト王権には記録がない。六〇七年の第二回と六〇八年の第三回は大津出身の小野妹子、第四回遣隋使と第一回遣唐使の犬上御田鍬《いぬがみのみたすき》は滋賀県犬上郡の出身である。第二回遣唐使の吉士長丹《きしのながに》は滋賀県蒲生《がもう》郡に神社もあり、近江の出身といわれている。

蘇我氏の王国は、遣隋使、遣唐使として派遣された、多言語を使える彼らのような国際人をたくさん抱えており、乗組員もすべて近江出身であったと考える。だが、乙巳の変で遣唐使は途絶える。それから九年後の六五四年、第三回遣唐使の大使は高向玄理《たかむこのくろまろ》で、大阪湾もしくは安芸の国からの出航になったと考える。彼は河内長野市の出身で渡来人の子孫であり、唐で客死《かくし》する。その航路であるが、第三回までの遣唐使は北路をとってしっかり帰ってきている。新羅の船人と蘇我一族の縁が少しはあったのだろう。山東半島を経由して長安を往復している。

だが、六五九年の第四回以降の記録を見ると、新羅から北路（朝鮮半島沿岸航路）を拒否されたヤマト王権は、南路、南島路をとらざるをえなくなった。そのために、航海がむずかしくなったことは否めない。

第4章でもふれたように、第四回遣唐使は二隻の船で渡った。正使は坂合部石布で、副使に住吉の主、津守吉祥である。このとき、東シナ海に放り出された使節はさんざんであった。正使の船は南海の孤島に漂着し、坂合部石布以下、ほとんどが惨殺される。副使の津守吉祥は運よく洛陽に着く。彼は住吉の祖といわれているが、百済討伐の直前、唐朝によって幽閉された。

遣唐使は、第四回以降、最後の第一五回まで、ほとんど南路をとった。このルートは東シナ海の大海原を渡ることになり、苦労をした。なぜか。蘇我氏が朝鮮半島の西岸で支配していた新羅の港がなくなったからだ。新羅の協力が得られなくなり、神頼みによる遣唐使の歴史が始まった。南路の航海に移るまで少し時間がかかったが、反面、莫大な利益が得られるようになったと考える。

私は、上田雄氏の『遣唐使全航海』を詳細に分析することで、乗組員の数と、僧侶で遣唐使の一人であった円仁が八三八年から八四七年にかけて記録した『入唐求法巡礼行記《にっとうぐほうじゅんれいこうき》』から次のようなことが読み取れた。

図8-2　入唐僧の円仁が遣唐使船に乗って帰朝する場面(遣明船をモデルにして描かれた遣唐使船)

出所)「真如堂縁起絵巻」(真正極楽寺真如堂所蔵)

第八回から船団の隻数はほぼ四隻になり、大使以下五〇〇～六五〇人を送り出している。船のサイズは江戸時代の千石船(弁才船。長さ約三〇メートル)とほぼ同じで、乗船できる人数が弁才船の一五人程度に対して、遣唐使船は一隻あたり一五〇人、一〇倍であった。

東シナ海を渡る一、二週間の短い船旅のために、なぜそれほどの多くの人数を要するのか。それには別の理由があった。南路には、揚子江河口に着いてから長い内陸の船旅が待っていた。六一〇年、煬帝のときにできた大運河の旅である。『入唐求法巡礼行記』によれば、片道一七〇〇キロメートルを五十八日間かけて長安に赴いたとある。一日平均三〇キロメートルの行程である。

円仁が送られた第一五回使節団は、唐側が

使節団を足止めしたため、乗組員二七〇人は港に留められ、大使以下三五人の限られた人数だけで向かったという。大使と幹部には官船を準備してくれたと推定するが、まったく収穫がなかった旅であったと考える。

ただ、これは例外で、それまでは使節団が上陸すると、現地で小舟と水先案内人を手配し、日本から連れていった乗組員が船団を動かしたようだ。使節団は数多くの小舟に分乗して運河を通りながら、港港で有意義な交易の旅を続けたのではないか。運河を通ることによって莫大な交易の利益を得たと考える。こうしたことから、危険を冒しても南路をとる価値があったと考えられる。そして、運河を二カ月近く漕ぎつづける乗組員は優秀な漕ぎ手であると同時に、彼らも商人であった。

蘇我氏の第三回の航海までは水軍だったが、南路に転換してからは交易使節団に代わった。その後、大運河周辺の治安が悪くなったのであろう。菅原道真が進言し、この航海で遣唐使は終わる。やがて、多くの漕ぎ手が幾世代を経て、近江や難波の商人になっていったというのは言いすぎだろうか。

●——輪廻転生⁉ 継体天皇は武内宿禰だった

継体天皇は応神天皇の五世の孫（傍系王族）であり、幼いときに父を亡くし、母の故郷である越国で育てられたとされている。天皇に選ばれるまでは、福井の王であった。

なぜ、彼が選ばれたのか。そして、彼は何者なのか。『日本書紀』が意図するところを読み解き、彼がだれかということを考えなければならない。継体天皇の父、彦主人王《ひこうしのおおきみ》は応神天皇の四世の孫。母、振媛《ふるひめ》は垂仁天皇の七世の孫である。母の育った地は滋賀県高島市であり、輿入れ先が福井県坂井市三国町である。

高島市は、これまで述べてきたように、蘇我王国の拠点である。そして、三国は北陸有数の大河、九頭竜川の河口にある。当時、九頭竜川は、坂井市、福井市、鯖江市、越前市の市街地を飲み込む大きな湾であり、繁栄していた。さまざまな神々が祀られ、神社の数も多い。

越前も蘇我一族の一大拠点であった。高向《たかむく》神社（坂井市）、三國神社（同）、毛谷黒龍《けやくろたつ》神社（福井市）、八幡神社（同）、足羽《あすわ》神社（同）、鵜甘《うかん》神社（池田町）、舩岡《ふなおか》神社（越前市）、荒樫《あらかし》神社（同）に武内宿禰と継体天皇が祀られている。

なぜ、継体天皇は武内宿禰だというのか。継体天皇が玉座につくのは六世紀はじめである。そして、思い出してもらおう。阿倍比羅夫の蝦夷地遠征は六五八年だから、継体天皇が天皇の位についてから百年以上あとである。

前に述べたように、ヤマト王権の船が大阪湾から出られるようになったのは八世紀。どう見ても蝦夷征伐は無理がある。阿倍比羅夫がヤマト王権初の日本海遠征を行ったと考えれば、継体天皇の先祖の遠征記録があってもよいはずだ。それが蘇我王国の時代だとすれば、武内宿禰、倭の五王と重なるのである。

『日本書紀』は、暴君といわれた第二十五代武烈天皇をつくり、飛鳥の仮想現実の世界から現実の世界、すなわち、日本海から近江の世界に移した。そのとき、時間と場所のプログラムが狂ったと考える。海で活躍する時間と場所を考えれば、継体天皇は蘇我氏族の武内宿禰その人である。輪廻はめぐる。

第9章
倭国から大和へ

●――日本海と琵琶湖でつながった皇室の血脈

日本海の若狭町と琵琶湖の高島市を結ぶ蘇我氏の王国とはどんな場所か、歴史をふりかえってみよう。若狭湾の小浜から、朽木を経て京都の大原口に向かう、約七〇キロメートルの京の海の街道の一部である。前に述べたように、若狭の海と湖岸の高島市の距離はおよそ三〇キロメートルという交通の要衝である。

織田信長が敦賀の手筒山攻撃の折、浅井長政の裏切りにあい、敦賀から少数の兵とともに必死で京に退却した道の一部でもある。信長は丹後街道から近江に入り、高島市保坂から朽木街道を経て京に逃げたという。

くりかえすが、高島は琵琶湖の湖西の中央部に位置するため、米原、近江八幡、草津を睥睨でき、ほぼ一日で琵琶湖のどこにでも航海できた。戦略上重要な拠点であると同時に、交易の拠点でもあった。

前に述べたように、この高島を山越えして若狭から京都にいたる道は鯖街道と呼ばれた。朝、若狭であがった鯖を塩でしめ、一日で京都に運んだことで、この名前がつけられた。やがて、高島からは多くの近江商人が生まれた。大手百貨店、高島

図9-1　火遠理命を祀る若狭彦神社

提供）福井県小浜市

屋の創業者も高島の出身である。

では、蘇我氏より前には、だれがこの地を支配していたか。小浜の近くの若狭に、古い若狭彦神社がある。なんと、そこの主祭神は山幸彦で知られる神武天皇の祖父、火遠理命（彦《ひこ》火《ほ》火《ほ》出見《でみの》尊《みこと》）と祖母の豊玉姫命である。火遠理命と丹後一宮元伊勢籠神社の主祭神、火明命とは兄弟である。

福井県若狭町（三方上中郡）にある十善の森古墳からは、金銅製冠《こんどうせいかんむり》、流雲《りゅううん》文縁方格規矩四神鏡《もんえんほうかくきくししんきょう》、勾玉、馬具、甲冑、武器など多数が出土している。一方、高島市にある鴨稲荷山古墳からも金銅製冠、内行花文鏡、金製耳飾、馬具一式などが出土している。日本海と琵琶湖が、金銅製冠の副葬品がある大王でつながっている。

前に述べたように、水谷千秋氏によれば、鴨稲荷山古墳は継体天皇の皇子の墓ではないかとしているが、まちがいなく蘇我氏とかかわりがある墓である。そして、対馬から渡ってきた火遠理命と蘇我氏の血筋がここでつながる。蘇我氏は皇室につながっており、皇室の血脈は、対馬、壱岐を経て、丹後だけでなく若狭ともつながったことになる。

●——白村江の戦いと壬申の乱は蘇我氏殺害が引き金

蘇我入鹿は、乙巳の変で中臣鎌足らに殺害された。これは、当時の日本の天皇に匹敵する権力者を殺《あや》めたクーデターである。

『日本書紀』にもあるが、ある時代から、日本軍が任那や百済でおかしな負け方をするようになった。五六二年、欽明天皇が新羅に討伐軍を送るものの、敵の罠にかかって退却したとある。だから、やむをえないという考えがある。

ちなみに、朝鮮半島側の最古の歴史書である『三国史記』では、五五四年に似た記述が存在し、これが蘇我氏の陰謀の証拠といわれてきた。だが、『三国史記』が朝鮮半島に現存する最古の歴史書という言葉に騙されてはいけない。『日本書紀』より四百年以上もあとに書かれた歴史書であるのに、「記紀」を引用しているからである。

それまでの時代、連立都市国家であるヤマト王権には軍隊は存在していたが、日本海の船はほぼすべて蘇我氏の支配下にあったと考える。漕ぎ手がいなければ、軍隊は動かせない。ヤマト王権が日本海側で交易船を軍に徴用しても、乗組員は新羅人、手配も新羅系の豪族が行ったと考える。

当時の東アジアのぴりぴりとした国際情勢では、日本海で何かを企てれば、情報はすぐに新羅から唐に伝わった。そうしたなかでクーデターが起こり、日本海の交易を支配していた蘇我氏が滅ぼされた。そのニュースは当然、新羅や唐にすぐ伝わったはずである。

乙巳の変は、ひと言でいえば、海外貿易の利権争いであったと考える。百済派の中臣鎌足と中大兄皇子は蘇我氏のもつ日本海の交易利権を奪い、難波津から瀬戸内海交易を始めようと遷都を試みたのではないか。蘇我蝦夷と入鹿は難波津の遷都に抵抗し、その結果、殺害されたのだ。

その証拠に、乙巳の変の直後、反対勢力がなくなって、孝徳天皇はすぐに難波の港づくりにかかっている。これで、百済人の助けにより、瀬戸内海交易を通して唐とのビジネスが進むと考えた。だが、前に述べたように、難波津の港づくりは挫折した。

新羅のみならず、六一八年に建国した唐とも強いパイプをもっていた蘇我氏が殺されたことは一大ニュースとなった。新羅は日本海交易の利権を労せずに得たと考える。

一方、建国まもない唐は、紀元前の前漢の時代から、魏、隋の時代を経て七百年間悩まされてきた高句麗が弱体化したので、打ち破る絶好の機会と考えていた。高句麗を倒すには、渤海湾の制海権をもっている新羅の力を必要とした。高句麗討伐は漢民族の悲願であった。

前の政権、隋は四度、高句麗と戦ったが、すべて負けた。暴風雨、疫病、そして兵站輸送の失敗で負けつづけていた。とくに、六一二年の第二回の戦いは高句麗の智将、乙支文徳《いつしぶんとく》によって隋の六〇万の兵がほぼ全滅した。薩水大捷《さつすいたいしょう》という戦いである。この敗戦が隋を滅ぼす原因になった。

唐は、渤海湾の制海権を得てゆっくりと攻めた。そのためには、水軍で新羅の協力を得る必要があった。新羅はその見返りに百済を滅ぼし、朝鮮半島西岸の交易を独占することを要求したことは想像に難くない。ヤマト王権にとって残念なのは、国際情勢が緊迫し、蘇我氏を暗殺したあと、次々と判断を誤ったことである。

まず、理解すべきことがある。当時の戦争は領土の戦いではないことをあらためて説明しよう。たとえ唐が日本を占領して金銀玉石を収奪しても、一〇〇〇キロメートル以上離れた長安まで戦利品を運ぶには、輸送の安全を確保できなければ意味がない。当時の海の戦争は、安全にモノを運べる交易路をめぐる覇権争いであった。

斉明天皇が六六一年、百済の遺臣とともに、百済の皇子を擁して太宰府に出陣し、そこから朝倉宮へ移り、崩御したニュースは、唐、新羅に伝わっていた。ヤマト王権は外交政策を誤っていた。『日本書紀』はこの外交政策の誤りを完全に切り捨てている。

ヤマト王権は百済を支えるという名目で、交易の利権の奪還のため、六六三年十月に白村江で戦った。そして負けた。倭国としては日本海の覇権を失った。同時に、多くの船人が職を失うことになった。蘇我氏を失い、水軍力をなくしたヤマト王権は、唐・新羅連合軍の相手ではなかった。結果、倭国は日本海の覇権を完全に失った。

具体的には、遣唐使の北路が断たれたのである。

翌六六四年、占領軍の郭務悰は対馬を占領した。中大兄皇子は太宰府に水城《みずき》をつくり、対馬、壱岐に防人《さきもり》、狼煙台を置くよう命じた。近江の大津京に遷都（六六七年）し、六六八年、第三十八代天智《てんじ》天皇として即位した。これを近江王朝というが、私は、継体天皇のときから王朝は近江か山城盆地にあったと考える。

天智天皇は唐と修好をし、遣唐使を再開した。わが国を巻き込み、朝鮮半島を長年不安定な状態にしてきた高句麗は六六八年に滅んだ。

●——壬申の乱は神と仏の戦いであった

六七一年十一月、旧百済領占領軍の郭務悰が総勢二〇〇〇人、四七隻の艦隊を率いて筑紫を占拠し、居座った。十二月、天智天皇が亡くなる。それでも彼らは居続け、翌六七二年五月にようやく退去した。

その翌月、壬申の乱が起こった。偶然とはいえない。この戦いは、天智天皇の子、大友皇子と、天皇の弟、大海人皇子（のちの第四十代天武天皇）の後継者争いである。国を二分する大きな内乱となり、反乱者である弟の大海人皇子が勝利した。

戦争の経過を見ると、二つのおもしろい事実が判明する。

一つは、唐による太宰府占領が終わった直後、伊勢と近江を中心に壬申の乱が起こっている。戦は六月二十四日に始まり、郭務悰らが去ったのは直前の五月三十日、唐が天皇の代替わりに何らか影響を与えたことは考えられないだろうか。

郭務悰の半年にもおよぶ滞在、すなわち占領によって、多くの港が彼らの居留地になったのではないかと考えるのは思いすごしだろうか。唐津、唐戸、唐泊などの名が登場する。『日本書紀』が大八洲として港の重要性を最初に謳《うた》っているのは、このあたりにあるかもしれない。

もう一つは、後継の天皇である。私は蘇我氏の遺臣たちが唐の暗黙の了解を得て、天智天皇の一族に対して反旗をひるがえした戦いであったと考える。天智天皇の崩御から半年、大海人皇子は唐軍の暗黙の了解のもとに、蘇我氏の地盤であった伊勢路や中部地方の豪族をまわってひそかに兵を募ったのだろう。蘇我氏を慕っていた兵が集まったと考えられる。

私は、この乱は、神と仏の軍団の戦いであったと考える。だから、郭務悰は仏教徒を支援したのではないだろうか。空論を語っているのではない。文化庁の統計「宗教年鑑」（二〇一八年十二月三十一日現在）がそのことを裏づけている。これによれば、仏教寺院の数がもっとも多いのは愛知県で、滋賀県も全国四位である。

大海人皇子は、蘇我氏が仏教を布教した愛知、滋賀から兵を集めた。すなわち、大海人皇子の軍は畿内ではなく、かつては蘇我氏の領土であった伊勢路や近江の仏教徒で、神を扱う藤原氏のヤマト王権との戦いになったと考えられないだろうか。

前に述べたように、蘇我氏が支配していた伊勢湾王国にいた海の男たちが集まったのだ。蘇我氏を殺した天智天皇の子供の大友皇子に協力者はいなかったと私は見る。蘇我氏の弔い合戦である。当然、伊勢、美濃、近江が戦場になった。奈良ではない。

ヤマトの神が大海人皇子に、

「神日本磐余彦《かむやまといわれびこ》天皇《すめらみこと》の陵に、馬および種々の兵器を奉れ」

と言ったという。

これは、仏の軍団は勝っても聖地を敬うことを忘れるな、という趣旨だろう。この国は八世紀、神と仏によって統一された国であるが、織田信長という神が十六世紀末に現れて、近江、山城、摂津で神仏と戦うことになった。歴史はくりかえされる。

●――倭国から大和へ、国家統一

『日本書紀』の最大の謎は、いつから大和の王朝になったのかである。この国は、いくつもの小国家が戦争によって統一されたという説が一般的であるが、はたしてそうだろうか。私は、奈良盆地が大和と呼ばれるようになったのは、一つの事件が引き金になり、急遽、書物でアスカをヤマトと書かざるをえない事情ができたと考える。その書物が『日本書紀』である。

まず、事件から説明しよう。『日本書紀』が編纂されはじめるのは白村江の敗戦後のおよそ十八年後である。この戦争でヤマト王権だけでなく、西日本の小国家群は唐による占領という屈辱を味わった。

想像の域を出ないが、郭務悰の占領軍によって仏教による国家統合が促されたのではないだろうか。その直後に起こった壬申の乱でそれが実現したと考える。そして、『日本書紀』により、この国が文字によって統一されたと考える。

なぜ、『日本書紀』なのか。郭務悰の占領軍は、この国をどう呼称したか。それは、隋の煬帝が半世紀前に裴世清《はいせいせい》に語った、ヤマトである。第5章で述べた倭宿禰が治めていた丹後の倭国である。大勢の占領軍兵士が「ヤマト！」「ヤマト！」と叫べば、俺たちの国は「ヤマトだ！」と、西国の小国家群は認識したと考える。

天武天皇は、日本国の都となる藤原京はヤマトになければならないと考えた。歴史書『日本書紀』の編纂が急がれた理由がここにあった。王権としては、それまでアスカといっていた国名をヤマトにする。その名前を丹後の倭国から奪う工夫をした。神武東征からして、日本海王国の倭《やまと》をつぶすことが目的であった。そして、ヤマトという呼称を丹後から移すことであった。

そのために、二つの工夫が考え出された。

一つは、『日本書紀』の応神天皇の条、推古天皇の条、皇極天皇の条などにヒントがある。地名の呼び名に工夫をした。『日本書紀』を片手に現地を歩くと、そのからくりが見えてくる。そこには奈良盆地全体をヤマトと呼ばせるような記述はないが、言葉の魔術、接頭語である。

あなたが今来の人（渡来人）になって西の四天王寺、住吉方面から上陸し、大和川の舟か丹比道で奈良盆地に入ったとする。眼前に平野が広がっている。お付きの者に「ここはどこか？」とたずねると、彼は「大和の葛城」と答える。

また、伊勢、名張の東から旅人として入り、たずねたら、宇陀郡、高市郡では「倭国の宇陀」「倭国の高市」と呼ぶ。自然に倭国と答える。

やがて、この地が「魏志」倭人伝の邪馬台国であり、隋の煬帝が語った「邪靡堆」になっていった。昔からこの盆地にヤマトがあったと思わせる工夫を、『日本書紀』に仕組んだと考える。奈良盆地を挟んで、陸路、水運路の標識を公に変えたのだ。

もう一つの工夫は、丹後の王、倭宿禰の扱いである。国造の制度が『日本書紀』編纂の少し前にできていた。神武天皇の時代といわれているが、おそらく乙巳の変の前後であると思われる。『日本書紀』の編纂時より半世紀前に、丹後には倭国があり、その祖である倭宿禰がいた。

ひと言でいえば、丹後や近江にいた本物のヤマトの王を、国造へ格下げしたのである。『古事記』には、神武東征の折、倭宿禰が明石海峡を先導し、その栄誉によって倭国造《やまとのくにのみやつこ》の祖としたとある。

東征というお芝居に皇室の本流である丹後の倭宿禰を登場させ、ちょっとした振り付けによって、丹後の倭という名を国造、いまの県庁レベルに落としたのである。その証拠に、元伊勢籠神社には亀に乗った倭宿禰の銅像がある。神武東征は実際にはないので、仮想現実の世界で名前を奪ったのである。

丹後は七二〇年、『日本書紀』によって日本列島全体の呼び名である倭国の名を奪われた。そして今日、卑弥呼もまた纏向に奪われようとしている。だが、それは些細なことである。大きな戦争もなく平和裏に統一できたのは、『日本書紀』最大の功績であるといえる。

定説では、「倭国から大和に」は六世紀とされている。海路という視点から『日本書紀』を読み解くと、大和ができたのは八世紀であると考える。

第10章

瀬戸内海、繁栄の船旅

●――煬帝が小野妹子に語った「邪靡堆は大和ではない」

最後に、その後の瀬戸内海など、いくつかの海に漕ぎ出して筆をおく。

まず、もっとも重要な『日本書紀』の議論、邪馬台国の答えが、遣隋使の航海にある。その航海を再現してみよう。

六〇七年の第二回遣隋使で、小野妹子は隋の煬帝に拝謁の栄誉を賜った。煬帝は九州倭国の東の「邪靡堆《やまと》」（耶摩堆）の国に興味を示し、裴世清を派遣した。『日本書紀』の推古天皇十六年（六〇八年）の条には、次のように書かれている。

夏四月に、（中略）大唐使人《もろこしのつかい》裴世清・下客《しもべ》十二人、妹子臣に従いて筑紫に至る。（中略）唐客《もろこしのまらひと》の為に、更新《またにい》しき館《むろつみ》を難波の高麗館《こまのむろつみ》の上《ほとり》に造る。

六月十五日に、客等《まらひとたち》難波津《なにわのつ》に泊《は》つ。（中略）飾船《かざりぶね》三十艘《そう》を以《も》ちて、客等を江口《えぐち》（注＝天満川の川口）に迎えて新しき館に安置《はべ》らしむ。

（中略）

八月三日に、唐客、京《みやこ》に入る。

（中略）

九月五日に、客等を難波の大郡《おおこおり》に饗《あ》えたまう。

十一日に、唐客裴世清、罷《まか》り帰《かえ》りぬ。

（『新編日本古典文学全集3　日本書紀②』小島憲之ほか校注・訳、小学館。表記は一部変更）

中国側の記録を見てみよう。『隋書』倭国伝に、裴世清がたどった邪靡堆への海路が記述されている。

（略）百済《ひやくさい》を度《わた》り、行きて竹島《ちくとう》に至り、（中略）都斯麻国《つしまこく》の、はるかに大海の中に在《あ》るを経《ふ》。又東して一支国《いきこく》に至り、又竹斯国《つくしこく》に至り、又東して秦王国《しんおうこく》に至る。

（『倭国伝』藤堂明保／竹田晃／景山輝國訳注、講談社学術文庫。表記は一部変更）

「百済から竹島、対馬、壱岐、筑紫を経て、中国人の国、秦王国に立ち寄った」と書かれている。さらに続けて、「蛮人の国であるのに中国のような港があるのは理解できない」とある。

では、秦王国とはどこかという疑問が、当然ながら湧いてくる。九州のどこかという説、大分の宇佐という説などがあるが、瀬戸内海に入るために必ず通過する都市を考えてみよう。潮を待つため、下関市(唐戸)か北九州市(唐泊)かもしれない。唐《から》とは外人居留地のことだ。裴世清は中国風の商館が並ぶ港で、中国人が働く光景を見たと想像できる。ただ、唐《とう》が建国される前の時代だから、マチの名前は違っていただろう。

ここから先、日本側にも隋側にも、往路、復路でどこを通ったかの記述がない。前述したように、『日本書紀』の推古天皇の条に「難波津に泊まった」という記述があるだけである。

第6章を思い起こしてもらおう。六〇〇年の遣隋使から約半世紀後、難波宮、難波長柄豊碕宮の港湾施設は軟弱地盤の上につくられたため、すぐに埋まってしまった。このとき難波津はその名を歴史に登場させるが、それ以前は大型船が入れる港湾施設は存在しない。『日本書紀』は嘘をついている。宿泊したという難波の高麗館の存在も不明である。

では、裴世清はどこの都に行ったのか。だれと会ったのか。

『隋書』には、裴世清がたんに「都」に行ったという記述だけがある。六〇八年のことだ。しかし、大和朝廷がはじめて築いたといわれる条坊制の都、藤原京が着工したのは六九〇年だから、奈良盆地ではない。この都もいささかあやしい話になってくる。

この時代、推古天皇が現在の奈良県明日香村に造営した小墾田宮《おはりだのみや》がある。まちがいなくここを訪れたと多くの専門家は主張するだろう。仮にそうだったとしよう。

そして、大阪湾から奈良盆地の明日香村まで向かったとしたら、大型船が入れない難波津からではない。当時完成していた、壮大な四天王寺がある住吉津から上陸し、丹比道を輿で上ったのではないか。

決定的な記述が、『日本書紀』にある。裴世清一行による推古天皇への表敬の記録もなく、煬帝の返書の持参もなかったという。『日本書紀』には、小野妹子が、帰還のときに煬帝から授けられた書を百済人に掠《かす》め取られたと答えたとある。もとより蘇我氏の使節団であるから、蘇我氏が王として返書を受け取ったと考えるのが常識だろう。

『日本書紀』が世に出る百年以上前、船はヤマトと呼称されていた蘇我王国の丹後か敦賀に入ったのである。近江や丹後など日本海の歴史を必死に消し、つじつまをあわせようとしたが、難波津がそのトリックをあばいてしまったと私は考える。

●——国難を招いた斉明天皇の瀬戸内海・親征

皇極天皇、重祚《ちょうそ》して第三十五代斉明天皇ほど、戦争を好んだ天皇はいない。北方の蝦夷に対し、三度にわたって海路で阿倍比羅夫を遠征させた。そして、六六三年に白村江の戦いに進む。九州親征はその前年、瀬戸内海を渡って筑紫の朝倉宮に遷幸し、戦争に備えた。斉明天皇の瀬戸内海遠征を見てみよう。

斉明天皇は、百済が滅亡したと聞き、人質の百済の王子とともに親征を決意し、六六一年一月六日、二〇〇隻の軍船を率いて難波津を出た。伊予の熟田津《にきたつ》に一月十四日到着、道後温泉に逗留、三月二十五日、娜大津《なのおおつ》（博多）に着く。

かなり体調がすぐれなかったのだろう。百済の王子を帰したのちに崩御した。六十八歳だった。中大兄皇子は博多まで亡き母を迎えにいき、半島での百済の支援を大宰府で行った。十月七日、中大兄皇子とともに天皇の遺骸が帰路（海路）につき、十月二十三日、難波津に着いた。これがヤマト王権の天皇の最初の遠征であったが、悲しい旅路となった。

難波津（大阪）から伊予（松山）まで八日、帰りの御霊《みたま》を乗せた船は博多から大阪まで十六日でもどっている。七世紀後半の瀬戸内海は、軍船で漕ぎつづけて二週間で通航できることがこれでわかった。ヤマト王権が瀬戸内海四〇〇キロメートルに汐待ち港（屯倉）を整備し、二〇〇隻の軍船を送ったかどうかは別にして、一〇〇〇人規模の兵站輸送能力をもつにいたったことが判明する。

だが、前年、百済が滅んだあとのこの遠征の目的は、そもそも何であったか。蘇我氏亡きあと、朝鮮半島沿岸から渤海湾までの交易ルートの多くの港町が、唐と新羅の連合軍の手によって次々と落ちていった。つなぐべき港を失えば、ヤマト王権は中国へ向かう交易ルートを遮断される。百済救済とは書かれているが、白村江までの戦いの歴史は、このルート奪還の戦いであったと考えられる。

ほぼ時を同じくして、ヤマト王権は第四回遣唐使（六五九年）を派遣していた。蘇我氏の遺臣や新羅の船が、九州や日本海で自由に私的な交易を行っていた。ヤマト王権が蘇我氏を滅ぼしていなければ、遣唐使も北路をとって安全に航海していただろう。

ヤマト王権が当時の日本のなかで強大になっていった理由が二つある。

一つめは、東国から多くの兵士を集め、朝鮮半島に送れる、国境の対馬と壱岐で貿易できる体制、防人の制をつくったこと。

二つめは、蘇我稲目の時代から築いてきた国内の兵站輸送ネットワークである屯倉の完成であった。仏教徒が多い新天地の伊勢湾を支配したことが大きかった。女帝、斉明天皇の死を賭した瀬戸内海航海のドラマは六十年後に神功皇后の物語になったと歴史学者の直木孝次郎氏は『古代河内政権の研究』（塙書房）に記している。

『万葉集』に斉明天皇を偲んだ歌がある。

ももしきの　大宮人《おおみやひと》の　熟田津《にきたつ》に　船乗《ふなの》りしけむ　年の知らなく
山部宿禰赤人《やまべのすくねあかひと》

（『新編 日本古典文学全集6 萬葉集①』巻第三、323、小島憲之ほか校注・訳、小学館。表記は一部変更）

●──盧舎那仏の銅塊輸送を可能にした初の重量物船

続いて、奈良の大仏の話をする。七五二年、世界最大の盧舎那仏《るしやなぶつ》（大仏）の開眼供養《かいげんくよう》が、遠くはペルシャ、唐、天竺（インド）などからの国賓、僧侶も含め、約一万人の参列者を招いて行われたという。日本の技術力の高さに世界は驚き、最大級の敬意を表した。

大仏には約四九〇トンの銅が使われたが、この銅は山口県の官営長登《ながのぼり》銅山で精錬され、一八トンずつ塊にして、奈良まで二十日かかって運んだという。これほどの重量物を大量輸送するプロジェクトは、前代未聞だっただろう。

船には舵取り四人、水主《かこ》一六人、別に舎人二人が乗っており、船二隻で航海したという。重い船を漕いでこのペースで瀬戸内海を突っ切ることと、貴重品を積んでいることもあり、二隻は警備を兼ねて、交代要員の水主がかなり乗船していたことだろう。当時のモノを運ぶ最高技術がこれでわかる。

瀬戸内海を二十日間の距離というのは、どれくらいだろうか。平安時代の「延喜式」にある平安京からの水行（海路）所要日数は、中国地方では備後国十五日、安芸国十八日、長門国二十三日。参考までに四国の場合、伊予国十四日、土佐国二十五日だという。十八日の安芸と二十五日の長門の中間だとすると、宇部岬よりは手前か。

ＪＲ新山口駅を左手に見て椹野川《ふしのがわ》を北上すると、小郡《おごおり》地区に上郷《かみごう》や仁保津《にほづ》という地名が見られる。下郷では「秦益人《はたのますひと》」と記名された石板が出土していて秦氏の足跡がうかがえるし、地名に「津」とつくのは、明らかに古代に川湊《かわみなと》であったことの名残だろう。長登銅山からは二〇キロメートルほどの距離であり、重量物を畿内に向けて積み出していた候補地として有力視されている。

だが、奈良に資材を搬入するためには、難波津で小舟に積み替えねばならず、この作業が二、三日、さらに河内湖を経て大和川を上るために二日ほどを要しただろう。

「延喜式」にもどる。身軽な人間が平安京から赴くことを前提としただろう「延喜式」の基準値とは、一～二日のズレは生じるはずだ。

前に述べたように、八世紀になると、行基上人が開いたとされる摂播五泊の港で明石海峡を通り、大阪湾に入れるようになった。それを差し引いてなお、約四〇〇キロメートルの距離を二十日間で進んだということは、一日約二〇キロメートルとなる。汐待ち港が完備していることを示している。

淀川の水運も完成する。聖武天皇の時代から難波津が大阪湾の港として使われるようになり、七八四年、都を舟運に便利な長岡京に移す。この都は桂川と淀川の合流点の右岸側にあり、洪水の被害を受けにくいところであった。そして、その後、平安京に移る。

●――『高倉院厳島御幸記』に見る藤原一族のフィナーレ

平家絶頂期の船旅といえる、十二世紀の瀬戸内海の厳島詣《まいり》を見てみよう。源通《みなもとのみち》親《ちか》による『高倉院厳島御幸記《ごこうき》』に描かれた、一一八〇年の船旅である。

京〜厳島の往復十九日間のうち、福原と厳島の航海は片道五日、往復十日であった。出航日は陰陽師が決め、福原大輪田泊を三月二十一日に出航。

高倉院を含む殿上人十数人とお付き七〇〜八〇人が乗る豪華な飾りの御座船で、漕ぎ手は一〇人交代。出発の頃合いは、清盛ではなく陰陽師が決めた。清盛といえども、陰陽師には従わざるをえなかったのだ。さらに、この船を取り囲むように侍らせて、水や食事を準備するための数十隻の船も引き連れていた。

三月二十二日、兵庫・室の津。二十三日に岡山・児島。二十四日に玉島。二十五日、呉の安浦。そして二十六日午後、宮島に着く。すぐに参拝して、いろいろな催し物——いまでいうならばクルージングを楽しんだ。

この厳島詣は、まだ十九歳の高倉天皇が退位し、上皇（高倉院）となった直後に行われた。上皇が最初の参拝をするのは近畿と相場が決まっていたが、このときは前例のない遠方への行幸（御幸）であり、神道における事実上の祭司長の行動として、全国が注目するものだった。

当時は、清盛が孫を安徳天皇として皇位につけて権勢の絶頂を迎えると同時に、すでに源氏の勢力が伸長し、その支配を食い破ろうとしている、危うい時代でもあった。この旅行は、豪勢でありながらも、高倉院は当時の情勢を不安視していたかもしれない。

帰路の出発は三月二十九日早朝で、これは潮の関係だろう。翌日夕刻には岡山の児島に着いている。この航海を見ると、朝叩き起こされて出発したり、午後早く着いたり、月明かりのなかで真夜中に漕いだりしており、明らかに潮を見て航走している様子がわかる。また、「夜、水夫が櫂を動かす掛け声が物悲しい」とも書かれている。

船の上の食事は高倉院一行を驚かせたことだろう。

これは私の経験だが、鞆の浦の近く、尾道市の浦島漁協であったろうか、瀬戸内の島めぐりをしていた途中、船の上で宴会となった。釜とコンロ、米をもちこんで食事の段となり、海水で米をとぎ、前の日に獲ってきた大きな鯛と米を釜のなかに入れ、そこに少し醬油を注《さ》すだけの海賊料理——鯛めしが出る。船の上で酒、肴が振る舞われ、大いに騒いだ記憶がある。

文明が進歩しても、海の賜物は変わらない。高倉院の一行の気持ちがわかる。彼らもきっと、そんな野趣あふれる食事をしたのだろう。

高倉院一行は、四日目に高砂《たかさご》（現在の兵庫県高砂市）で停泊し、福原（現在の神戸市兵庫区）に五日で着いた。往復路とも五日間の航海で、潮と風を見て夜も漕ぎ、一日五〇～七〇キロメートル進んだことがわかる。前掲の「延喜式」の旅程とくらべると、相当な強行軍である。これは屈強な漕ぎ手をどんどん交代させることで実現したもので、普通の船ならこの三倍はかかっただろう。

瀬戸内海の船舶航行は、各時代によっていろいろ制約がある。海賊の害が問題となっていた時代、その海賊をうまく利用したのが平清盛である。一般には、清盛は安芸守を任じられてから海賊を鎮撫《ちんぶ》しはじめたというが、実際にはこれは世代をまたいだ事業である。平氏二代目、父忠盛のときに備前の児島湾までの制海権を握り、三代目清盛のときに、広島湾、芸予諸島、防予諸島を経て、下関、博多までの安全航行を確保できるようになったのである。

では、清盛により稼業のできなくなった海賊たちは、どこへ行ったのか。そう、屈強な彼らが厳島へ往復する船の漕ぎ手になったが、その末裔は交易船の漕ぎ手や水軍の戦闘員となった。一部は海賊となり、明治時代まで残った。

この航海の往路で『日本書紀』の大八洲の一つであった児島を通り、女官の一人が、「向こうの山のかなたに、昨年、関白藤原基房が流された場所がある」と言った瞬間、船のなかでは哀れを感じ、沈黙の時が流れたという。

藤原基房は前年の一一七九年十一月、清盛のクーデターで関白を解任され、太宰府に流される途中で仏門に入ったことで、流刑は備前国でとめられた。そして、この年の十二月、基房は許されて京都にもどり、その後、復権した。

しかし、藤原氏の往時の栄華はなくなっていた。源氏・平家の戦いのなかで藤原基通が摂政・関白を終え、藤原氏の世は終わる。この高倉院の厳島行幸は藤原氏滅亡の航海であった。

おわりに

縄文時代から平安時代までの日本列島の船旅を終えた。本書の趣旨は海路で古代史の謎を解くことである。多くの謎が解けたのではないだろうか。

この国の先祖は偉かった。海の上にも陸の上にも船の通う「路」をつくってつながっていったことがわかる。すなわち、路のない時代には船が物流・交通の手段であり、現代のクルマであった。

壱岐、対馬では厳しい海峡、瀬戸内海では流れの速い瀬戸を渡るため、助け合う古代の人びとのすばらしい知恵と工夫があった。助け合う日本人のＤＮＡが、海で醸成されたと考える。

丹後や能登半島を航海すると、思いがけない古代の運河が発見できた。いままで語られなかった華やかな歴史があったと考える。卑弥呼や倭の五王がそこには隠されていた。

瀬戸内海を通ったという神武東征や神功皇后の物語は創作であることがわかった。

現実は、今来の郷を中心に穏やかな大和があったと考える。

当初、瀬戸内海ではなく、日本海と近畿を結ぶ、船と馬による交通路の整備がこの国の発展を支えた。奈良の飛鳥がこの国の中心として発展したのは、百舌鳥・古市古墳群がつくった水路と、蘇我氏がつくった舟運網と馬匹《ばひつ》による陸運網、そしてその後の淀川の舟運によるところが大きい。

『日本書紀』の時空がゆがむ不思議な世界を、海と川からコツコツと旅した結果、古代史の謎が解けたような気がした。

歴史はおもしろい。対馬、壱岐、丹後を旅したとき、多くの神々と逢うことができた。古代の島々の交易を支えてきた神々である。海洋民族としての日本人の忍耐強さとやさしさを、これらの神々が与えてくれたと考える。

なお、私は古代史の海の中を渡って、みなさんをここまで誘《いざな》ってきた。そこには、いままでの通説、定説とはまったく違う世界があった。そして、この仮想現実の船旅「海路」によって、多くのみなさんに感動とロマンあふれる歴史の謎解きに挑戦していただけたのではないかと考えている。

最後に、私が古代史の海の航海をできたのは、古代史の基本的な見方、考え方を教えていただいた京都府埋蔵文化財調査研究センターの肥後弘幸氏、古代のロマンあふれる神々の世界をご教示いただいた伴とし子氏、敦賀の河原継男氏、遺跡の年代測定技術をご指導いただいた野島永教授をはじめ、それぞれの地で多くの方々のご指導によるところが多い。

また、名古屋在住であるにもかかわらず、対馬、壱岐、丹後、能登半島をご案内いただいた対馬豆酘の亀卜の民の末裔、本石聡氏に御礼申しあげる。

さらに、ご教授いただいた数多くの博物館、資料館の学芸員、神社関係者の方々にも末尾を借りて感謝申しあげたい。

参考・引用文献

（五十音順）

●書籍

浅野裕一『孫子』（講談社学術文庫、1997年）
足立倫行『激変！　日本古代史』（朝日新書、2010年）
安達裕之『日本の船 和船編』（船の科学館、1998年）
石井謙治『図説 和船史話』（至誠堂、1983年）
石井謙治『和船Ⅰ』（法政大学出版局、1995年）
今城塚古代歴史館編『三島と古代淀川水運Ⅱ』（今城塚古代歴史館、2011年）
『伊予国風土記』（『新編 日本古典文学全集5 風土記』植垣節也校注・訳、小学館、2006年）
上田雄『遣唐使全航海』（草思社、2006年）
上田正昭『渡来の古代史』（角川学芸出版、2013年）
大阪市立博物館『北前船と大阪』（大阪市立博物館、1983年）
大阪府立近つ飛鳥博物館編『鉄とヤマト王権』（大阪府立近つ飛鳥博物館、2010年）

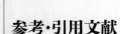

栢原英郎『日本人の国土観』(ウェイツ、2008年)
門脇禎二『日本海域の古代史』(東京大学出版会、1986年)
京丹後市教育委員会編『丹後・東海地方の言葉と文化』(2015年)
工藤雅樹『古代蝦夷の英雄時代』(平凡社、2005年)
黒岩重吾『古代史への旅』(講談社文庫、1991年)
合田良實『土木文明史概論』(鹿島出版会、2001年)
『古今和歌集』(『新編 日本古典文学全集11 古今和歌集』小沢正夫/松田成穂校注・訳、小学館、2006年)
司馬遼太郎『街道をゆく13 壱岐・対馬の道』(朝日文庫、1985年)
司馬遼太郎『坂の上の雲』(文藝春秋、1967～72年)
白石太一郎編『古代を考える 古墳』(吉川弘文館、1989年)
鈴木靖民『倭国史の展開と東アジア』(岩波書店、2012年)
曽村保信『海の政治学』(中公新書、1988年)
武光誠『古事記と日本書紀』(ナツメ社、2008年)
武光誠『天皇の日本史』(平凡社新書、2007年)
武光誠『歴史書 古事記 全訳』(東京堂出版、2012年)
竹村公太郎『日本史の謎は「地形」で解ける』(PHP文庫、2013年)
田中航『帆船時代』(毎日新聞社、1976年)
丹後古代の里資料館編『丹後王国の世界』(丹後古代の里資料館、2013年)
遠山美都男『蘇我氏四代の冤罪を晴らす』(学研新書、2008年)
直木孝次郎『古代河内政権の研究』(塙書房、2005年)
長尾義三『物語 日本の土木史』(鹿島出版会、1985年)

永留久恵『対馬国志 第一巻 原始・古代編』(「対馬国志」刊行委員会、2009年)
中西進『万葉の詩と詩人』(弥生書房、1972年)
長野正孝『運河物語』(山海堂、1995年)
長野正孝『古代史の技術を知れば『日本書紀』の謎が解ける』(PHP新書、2017年)
長野正孝『古代史の謎は「鉄」で解ける』(PHP新書、2015年)
長野正孝編著『広島湾発展史』(中央書店、1982年)
『日本書紀』(『新編 日本古典文学全集2 日本書紀①』『新編 日本古典文学全集3 日本書紀②』小島憲之ほか校注・訳、小学館、2006年)
伴とし子『古代丹後王国は、あった』(MBC21京都支局・すばる出版、1998年)
伴とし子『卑弥呼の真実に迫る』(明窓出版、2016年)
伴とし子『卑弥呼の孫トヨはアマテラスだった』(明窓出版、2007年)
伴とし子『ヤマト政権誕生と大丹波王国』(新人物往来社、2011年)
平川南/栄原永遠男/山中章/沖森卓也編『文字と古代日本1』(吉川弘文館、2004年)
広島市役所編『新修広島市史』(1958〜62年)
藤本昇『卑弥呼の鏡』(海鳥社、2015年)
古田武彦『「邪馬台国」はなかった』(朝日文庫、1992年)
『文物』(1975年10号、文物出版社)
『平家物語』(『新編 日本古典文学全集45 平家物語①』市古貞次校注・訳、小学館、2006年)
松尾光『現代語訳 魏志倭人伝』(KADOKAWA、2014年)
黛弘道編『古代を考える 蘇我氏と古代国家』(吉川弘文館、1991年)
『万葉集』(『新編 日本古典文学全集6 萬葉集①』小島憲之ほか校注・訳、小学館、2006年)
水谷千秋『継体天皇と朝鮮半島の謎』(文春新書)

美東町史編さん委員会編『美東町史（山口県美祢郡）通史編・資料編「長登銅山の歴史」』（2004年）
源通親『高倉院厳島御幸記』（『新日本古典文学大系51 中世日記紀行集』福田秀一ほか校注、岩波書店、1990年）
宮崎康平『まぼろしの邪馬台国』（講談社、1967年）
森浩一『日本神話の考古学』（朝日文庫、1999年）
弥栄町編『古代製鉄と日本海文化』（弥栄町、1993年）
吉田孝『歴史のなかの天皇』（岩波新書、2006年）
李华彬編『天津港史』（人民交通出版社）
ルイス・フロイス『完訳フロイス日本史1 織田信長篇1』（松田毅一／川崎桃太訳、中公文庫、2000年）
ルイス・フロイス『日欧文化比較』（『大航海時代叢書XI』岡田章雄訳・注、岩波書店、1965年）
『倭国伝』（藤堂明保／竹田晃／景山輝國訳注、講談社学術文庫、2010年）
和田萃『ヤマト国家の成立』（文英堂、2010年）
和辻哲郎『風土』（岩波書店、1935年）

●論文・雑誌・ウェブサイトなど

「季刊大林No.20『王陵』」（大林組、1985年）
国土交通省近畿地方整備局「大阪湾環境データベース」<http://kouwan.pa.kkr.mlit.go.jp/kankyo-db/>（発行年不明、参照2020年5月27日）
國分篤志「弥生時代～古墳時代初頭の卜骨」（千葉大学人文社会科学研究科研究プロジェクト報告書、2014年）
堺市教育委員会『百舌鳥古墳群の調査7』（堺市教育委員会、2013年）
長野正孝「世界港湾発展史」（「港湾」1988年2月～89年3月）
藤本昇「鉛同位体比から卑弥呼の鏡を考える」（「別冊宝島」、宝島社、2016年）

「ミディ運河」(TBSテレビ「世界遺産」第472回、2005年11月27日放送、長野正孝編集協力)
「宗像・沖ノ島と関連遺産群」世界遺産推進会議「『神宿る島』宗像・沖ノ島と関連遺産群を世界遺産に」<http://www.okinoshima-heritage.jp/index.html>(発行年不明、参照2020年5月27日)
村上泰通「日本における石器から鉄器への転換形態の研究」(平成7〜9年度科学研究費補助金〈基盤研究B〉研究成果報告書、下條信行、1997年)
"Men, Ships And The Sea"(ナショナルジオグラフィック協会、1973年)

著者紹介
長野正孝（ながの　まさたか）
1945年生まれ。1968年名古屋大学工学部卒業。工学博士。
元国土交通省港湾技術研究所部長、元武蔵工業大学客員教授。広島港、鹿島港、第二パナマ運河など港湾や運河の計画・建設に携わる。日本の舟運復活に裏方で協力。現在、水辺観光アドバイザー。NPO法人「水の旅人」主唱。ライフワークは海洋史、土木史研究。趣味は旅。多摩川、瀬戸内海、さらに中国・東南アジア・ヨーロッパ・中南米・アフリカの世界三十余カ国の海や川を、船（大型客船、クルージング、カヌーなど）で渡る経験を持つ。著書に『古代史の謎は「鉄」で解ける』『古代の技術を知れば、「日本書紀」の謎が解ける』（以上、PHP新書）、『運河物語』（山海堂）、編著に『広島湾発展史』（中央書店）など。TBS「世界遺産」の「ミディ運河」の編集に協力。

編集協力——月岡廣吉郎、杉山元康
校閲協力——今川小百合、株式会社エディット

＊この作品は、2015年1月にPHP研究所より刊行された『古代史の謎は「海路」で解ける』を改題し、大幅に加筆・再編集したものである。

＊本文に登場する各種年号、人名などには、諸説あるもの、推定のものを含む。

PHP文庫　［決定版］古代史の謎は「海路」で解ける
卑弥呼や「倭の五王」の海に漕ぎ出す

2021年2月16日　第1版第1刷

著者　長野正孝
発行者　後藤淳一
発行所　株式会社ＰＨＰ研究所
東京本部　〒135-8137　江東区豊洲5-6-52
PHP文庫出版部　☎03-3520-9617(編集)
普及部　☎03-3520-9630(販売)
京都本部　〒601-8411　京都市南区西九条北ノ内町11
PHP INTERFACE　https://www.php.co.jp/
組版　月岡廣吉郎
印刷所
製本所　図書印刷株式会社

ISBN978-4-569-90009-4

PHP文庫

こんなに面白かった

古代史「謎解き」入門

関 裕二 著

「『日本書紀』は何のために書かれたのか？」など、古代史の入門者に向けてその謎解きのノウハウを、ユニークな視点で解説した一冊！

PHP文庫

地形で読み解く古代史の謎

関　裕二　著

地形を見れば、古代史の意外な真実が見えてくる！神話から縄文、邪馬台国、ヤマト建国、大化改新、平安まで歴史の「なぜ？」に迫る。

PHP文庫

古代日本人と朝鮮半島

関 裕二 著

日本人、朝鮮人、中国人は、なぜこれほど気質が違うのか？　その謎を解く鍵は、古代史にあった！　日本人のルーツに迫る驚きの真相とは？

PHP文庫

「任那《みまな》」から読み解く古代史

朝鮮半島のヤマト王権

大平 裕 著

1500年前の朝鮮半島には任那と呼ばれる「日本」が存在した！ 大陸・半島を躍動した日本人の足跡から古代東アジアの実像を明らかにする。

PHP文庫

地図で読む『古事記』『日本書紀』

武光　誠　著

宗像三神は朝鮮航路上にある？　出雲に鉄の神が多い理由は？　日本神話の源流はペルシア？　など、日本誕生に隠された真実を地図から探る！

PHP文庫

「神社」で読み解く日本史の謎

河合 敦 著

出雲の国譲りは史実か？ 平清盛は天皇のご落胤か？ 武家政権誕生は崇徳上皇の崇りか？ 神社から「もうひとつの日本史」が見える！

PHP文庫

歴史の勝者にはウラがある

日本人が誤解している戦国史

河合 敦 著

「家康を悩ませ続けた不良家臣団」「10倍の軍勢でも返り討ちに遭った上杉謙信」——固定化された日本人の戦国史のイメージを覆す一冊。